NOVVEAVX ADVIS DV ROYAVME DE LA CHINE, DV IAPPON ET DE l'Estat du Roy de Mogor, successeur du grand Tamburlã & d'autres Royaumes des Indes à luy subiects.

TIREZ DE PLVSIEVRS LETtres, memoires & Aduis enuoyez à Rome: Et nouuellement traduits d'Italien en François.

A PARIS,

Chez CLAVDE CHAPPELET, ruë S. Iaques à la Licorne.

M. DCIIII.

LETTRE DV PERE NICOLAS LOMBARD ESCRITE DE LA Chine, l'an 1598.

A tres-reuerend Pere Claude Aquauiua General de la Compagnie de Iesus.

Tres-reuerend Pere en Iesus-Christ.

AV mois d'Octobre dernier passé i'escriuis de Macao à vostre Paternité, luy donnant aduis briefuement de toute nostre nauigation, & qu'apres estre arriué là ie fus destiné par la saincte obeissance à la mission de la Chine, ou maintenant ie me retrouue. Ie luy manderay donc par ceste cy, tout ce qui s'offre à present de ces quartiers. Mais auant tout ie remercieray infiniement de tout mon cœur & Dieu nostre

Seigneur, & voſtre Paternité auſſi de la ſinguliere faueur, qu'auec ceſte miſſion i'ay reçeu ſans l'auoir merité. Car elle peut eſtre parangonnée auec les plus illuſtres, & ſignalees, qui iuſques à maintenant ſe ſoient faictes en ces pays des Indes: pour raiſon de pluſieurs, & fort rares qualitez, que ceſte nation à par deſſus tout le reſte des Gentils. Plaiſe à la diuine bonté de tellement me fauoriſer de ſa tres-ſaincte grace, que ie reſpõde à l'obligation, que i'ay de procurer ſa cognoiſſance, & ſa gloire tant en moy meſme, qu'en tous mes prochains.

Donqu'en ce Royaume tres vaſte de la Chine nous ſommes ſept de noſtre Compagnie deſpartis en deux Reſidenſes, & en vne miſſion. A Nachian Cité de la Prouince de Quianſi reſidẽt le Pere Iean Soer, & le Pere Iean de Roche, tous deux Portugais: en Schauſé ville de la Prouince deCanton,nous ſommes François Martinez Chinois, & moy. Le Pere Mathieu Ricchi, auec le Pere Lazare Catanee, & Sebaſtien Fernandez auſſi Chinois ſont allez tenter l'entrepriſe de Paquin, comme ſur la fin nous dirons. Par la grace de Dieu nous auons tous esté en fort bonne santé ceste année; & ie puis dire de moy en particulier, qu'auec cest air, ces estudes, ce peuple, & choses semblables, ie m'accommode tellement, & auec tant de facilité, qu'il me semble estre au milieu d'Italie. Quãt à ce qui concerne le Christianisme, ie le pourray commodement, ce me semble, reduire à ces trois poincts; sçauoir est à la creance, que les Chinois ont aux Nostres; à la disposition de ces pays pour receuoir nostre loy saincte, & aux moyẽs, & instruments, qu'vne telle entreprise demande.

Or commenceant du premier, la bonne opinion, qu'à present ce peuple a des Nostres, est telle par la grace de Dieu, que ie ne sçay s'il faut qu'elle soit plus grande pour la fin, que nous pretendons. Car quoy, qu'ils ayent esté tenus en la Chine pour hommes de rare vertu, & versés en toutes sciences; ce neantmoins ceste bonne estime s'est accreuë à present auec le nouueau nom, qu'ils ont prins de trois ans en ça, prenant l'habillemẽt des Lettrés de la Chine, au lieu du nom & habit de Bonzes, que nous portions au parauant. Car il est à sçauoir que les Bonzes en la Chine, cõtre la coustume de tous autres Payés, sont tenus pour la lie du peuple, estants obligez de seruir aux Mandarins, auec lesquels ils ne traitent, qu'estant a genoux & quelquefois par grande faueur leur parlent de bout, & estants en pied. Quant au reste du peuple ils n'en sont pas plus estimez, pour l'opinion, croissie, qu'il a, que ce sont hommes peu honestes, & du tout ignorants: & qui font ceste profession pour sans aucun soucy gourmander vne certaine pension & reuenu, que le Roy leur assigne: Principalement encore à cause que les Chinois sont la plus part athées; & par ce comme ils ne croyent point aux Pagodes, qui sont les Dieux des Bõzes, ils ne font aussi nul estat des Bonzes leurs Ministres. Maintenant donc nostre compagnie s'estant apperceuë, auec l'experience de quinze ans & plus, que d'aller habillez en Bonzes ce luy estoit vn empeschement perpetuel a gaigner ce peuple, apres plusieurs Oraisons, & Messes applicquees a ceste intention elle s'est resoluë de prendre le nom, & vestement des Lettrez. Ce quelle à fait, comme i'ay dict auec l'approbation, & information du P. visiteur & de tout noz Peres de Macao, Monseigneur Dom Loys Cerqueira Euesque du Iappon se trouuant mesme à la consultation. C'est accoustrement des Lettrés de la Chine est fort graue, & honeste de soy; & pourroit passer pardelà pour quelque habit, qui soit, de Religieux de l'Europe. Si tachons nous encores d'aller le plus simplement, que se peut, tant en l'estoffe, qu'en la couleur, nous conformant tousiours auec nostre institut, autant qu'il nous est possible. Et par ce moyen les Nostres sont demeurez auec auctorité singuliere à l'endroit des Chinois, lesquels se sont fort affectionnez à eux, tant pour la ressemblance de mesme profession, & habillement, que pour pouuoir aussi par ce moyen traiter familieremẽt ensemble auec l'honneur & bien seance de tous les deux costez; Sçauoir est se visitant mutuelement, se seeant esgalement, & disputant plus volontiers sans la crainte, qu'ils auoient deuant, de perdre leur reputation & receuoir la doctrine des Bonzes estrangers, comme auparauant on nous nommoit. Ie ne m'amuſeray point icy a raconter par le menu les honneurs, & faueurs, que les Chinois font aux Noſtres, depuis qu'ils ont prins ceſte façon de viure. Il ſuffira de dire, que nos Peres paſſent en tout & par tout pour Lettrés, & au nom, & au veſtement,& aux viſites,& aux preſents, & en tous les autres tiltres & façons purement politiques,que les Lettrez Chinois ont en couſtume. Et ceſte bonne reputatiõ & renom, que la Compagnie à maintenant, eſt non ſeulement à lendroit des Lettrez: mais encore pres de tous les Mandarins, plus grands & plus petits & auec ceux de la maiſon du Roy, qui ſont à Nanchian, ou eſt noſtre reſidence. Il n'y a pas eu faute toutefois, cõme il aduiẽt principalemẽt parmy les Gentils, de ceux qui ſecretement & ouuertement s'esforſaſſent d'eſpier, & examiner nos façons de faire, comme nous viuons, quel eſt noſtre eſtude, ſi nous auons des femmes dedans la maiſon ou dehors, & ſemblables choſes. Mais il a pleu à noſtre Seigneur de maintenir & preſeruer la Compagnie, comme vne roſe plantée en ce pays par ſa toute puiſſance, laquelle tant plus qu'on la manie

& serre, tant plus souësue, & viue odeur elle donne: ainsi ceux mesmes, qui conuersoient plus priuément auec les Nostres, en ont tousiours espandu vn bon bruit de saincte vie, & de doctrine vniuerselle. Entre ces instruments, desquels Dieu s'est seruy, pour faire cognoistre la Compagnie, le principal a esté vn des Lettrez nommé Thaiso, qui eust pour Pere vn Mandarin des grands & mieux cogneus de la Chine, tant pour les charges importantes, qu'il y eust, que pour les liures, qu'il laissa apres soy par escrit. Cestuy Thaiso fut long temps en ceste maison auec le Pere Mathieu Ricchi oyant quelques traitez de Mathematicque, & en demeura tant satisfaict & affectionné, qu'il a esté par apres, comme vn Trompete & Herault de telles personnes, & en particulier du Pere Mathieu Ricchi. Et pource qu'il est tres-noble & tres-grand personnage parmy les Lettrez: & fils du Mandarin susdit, il traicte fort familierement auec les Tutans, c'est a dire, les Vicerois des Prouinces, & auec les autres plus grands de la Cour, par tout ou il se trouue, & auec toute sorte de personnes, disant tant de bien des Nostres, que tous desirent les cognoistre & leur estre amis; entendans clairemẽt, que iamais en la Chine ne s'ouist, ne fut leu tel genre de doctrine, que maintenant ces Lettrez Europeans enseignent. Et pour le dire au vray, le sommet de leur estude ne passe pas la science Romaine du temps de Ciceron: si sont ils tous cependant tres-bien duits & exercez en vn certain genre de composition, qui respond à nostre Chrie, & tel autre exercice d'humanistes. Leurs liures traitent fort bien des choses morales, & Politiques: Mais quand ils viennent à toucher quelque chose de la philosophie naturelle, on peut dire d'eux, ce qu'Aristote de Melisse *Peccant in materia & forma*. Ces iours passez deuisant auec vn de ces Lettrez nostre amy, il me congratula de ce, que i'auois finy de lire & entendre deux liures, l'vn intitulé *De adultorum disciplina*, & l'autre *De medio sempiterno*: lesquels ils tiennent, comme leur Metaphysique, & disent, que pas vn ne les peut bien entendre, que les Chinois. Mais a le dire vray, ie n'y trouuay non plus de difficulté, qu'à lire Ciceron, ou Tite Liue. Parquoy le Pere Mathieu Ricchi a coustume de respondre a ceste imagination, qu'ils ont, qu'ils deuroient croire tout au rebours; & qu'il n'y a aucun, qui entende mieux leurs liures, que ceux d'Europe. Dont on peut inferer, auec combien de raison les Chinois doiuent s'esmerueiller, quand ils voient les Nostres disputer, & traiter de toutes choses auec telle promptitude, & fecondité. Mais afin qu'on entende mieux, quel bō office nous faict Taiso publiant & authorisant les Nostres par la Chine, il me semble bien a propos de mettre icy vne lettre d'entre plusieurs, qu'il a coustume d'escrire au Pere Ricchi. Elle est telle.

Coppie de la lettre de Thaiſo.

THAISO[1] FRERE PLVS ieune, qui [2] me tiens à coſté pour eſtre enſeigné, frappe la teſte en terre, & fais reuerẽce au frere plus vieux, le Sieur Pere Mathieu Ricchi, illuſtre Baron & Maiſtre de la fleur de la grand loy: Et me iette aux pieds de ſa Chaire.

DEPVIS noſtre deſpart, apres lequel ſans m'en prendre garde quatre ans entiers ſont eſcoulez, il n'a eſté iour, que ie n'aye eu deuant les yeux la vertu rare de voſtre reuerence. Or il y a maintenant deux ans, que venant en ces quartiers de Midy vn marchand de ma terre appellé Schiauquin, ie luy donnay vne lettre, afin qu'il s'informaſt ou eſtoit v. R. & comme elle ſe portoit. Ie ne ſçay, ſi elle fut ſi fortunée, que de pouuoir auoir entree à ſa haute preſence. L'ãnee paſſee ſur le Printemps ledit Schiauquin s'en reuenãt i'apprins, qu'il auoit vne lettre de v. R. pour moy. Mais estant pour lors autre part, ie ne peuz aller la receuoir en personne, & ce marchand s'en retourna à Canton, dont i'ay esté iusques à present suspens & perplex en mon esprit. Or maintenant que ie vay vers la cité de Hohy, i'ay 3 veu Siquian, qui estoit logé chez Pecchiam, & m'a dit, que v. R. estoit ia passee pour faire sa demeure à Nāchian en la ruë, qu'on nomme Quiente Cuon. Ce qu'entendant i'ay eu vn contentement indicible, & le cœur m'en tressaillant de ioye i'ay voulu quant & quant enuoyer visiter & bienueigner v. R. attendu que cependāt il m'est arriué vne lettre du Pimpu 4 de Nanchin, par laquelle il m'appelloit : & partant il falloit necessairement, que ie m'acheminasse vers luy. Mais pendant l'Automne & l'Hyuer il est necessaire absolument, que ie m'encoure pour sçauoir comme v. R. se porte, & pour receuoir sa doctrine parfaicte. Quand ie laissay v. R. ie luy dis, que si elle vouloit voir la splendeur & les grandeurs de ce nostre Royaume, il luy conuenoit passer vers ces quartiers du Nord. & de plus que mon pays 5 n'auoit rien d'importance, & que la Cour de Nanchin estoit pleine de mille meslanges: Parquoy la Prouince de Quianci estoit seulement propre pour y faire demeure, comme celle, qui a des Lettrés de rares mœurs, & d'esprits bons & solides pour la loy. Ie ne sçay si v. R. en ceste sienne eslection, qu'elle a faict, trouue les choses selon ce que lors ie luy dis. Ie n'ay pas peu seulement sçauoir, quand le changement se fit, qui vint auec v. R. & qui est son protecteur en ce quartier. Ie croy qu'elle sera là beaucoup mieux, qu'elle n'estoit en Schiauché. I'ay maintenãt apprins, qu'il y a par dela vn autre Seigneur de vostre noble pays. Ie croy que le frere Sebastien Fernandez, & François Martines se portent bien. Combien de Seigneurs auec vous de nouueau pour disciples? qui est demeuré pour garder la maison de Schiauché? Il y a sept ans, que passant par Nanchian, & traictant auec tous ces Seigneurs là, ie vins à discourir des rares vertus de v. R. dõt il n'y eut aucun d'eux, qui n'en demeurast estonné. En mesme temps vn de mes compagnons appellé Helo, vouloit quitter l'examen de Quiugini, & me suiure pour venir retrouuer

& seruir v.R. Mais voyant, que sa mere estoit vieille, ie l'exhortay à finir l'examen. De sorte que la mesme annee ayant passé ce degré, il fut fait le quatriesme gouuerneur de Caucheo ville de la Prouince de Canton. Cestui-cy passant par vos quartiers peut auoir veu v. R. Les Iaponnois sont de present à Corai: Partant les terres maritimes ont esté aduerties de faire bonne garde: & ie me resouz encores de me retirer plus au dedans & m'approcher de v. R. en vn mesme lieu, pour apprendre la science de la Philosophie, & la vertu de la loy. Ie ne sçay, si ie pourray attaindre à ce mien dessein. Mõ fils est ia de six ans, & a vn maistre qui l'enseigne en ceste ville de Nancian. I'ay vn mien beau-pere parent du Roy, & s'appelle Theci. Son fils est mon gendre, & peut auoir treize ans: v.R. les a-elle veu ou non? L'annee passee ie rencontray le Mandarin Hanlin, 7, qui ouist l'explication de v. R. sur 8 ce qu'il luy proposa du poinct, ligne, surface, & profondeur. Depuis il ne cesse d'en estre esmerueillé, & de se sousmettre à elle, disant que iusques à maintenant on ne vit rien de pareil. Le Pinpu va tousiours de plus en plus, honorant & dõnant credit à v. R. & l'an paſſé il me voulut enuoyer, comme en poſte pour prendre v. R. & l'accompagner iuſques à la Cour. Mais ie n'eſtois pas lors pour m'en retourner en ces quartiers de Midy. Et partant ceſt affaire ne reüſſit pas. Qui l'euſt peu penſer, qui ſe l'euſt peu imaginer que v. R. fut ſi pres 9 que Nanchian? D'autres grands Seigneurs, ſemblables à luy, oyãt la renommee d'icelle deſirent la conuier. Ie ne ſçay, ſi ſes hauts deſſeins permettront, qu'elle face vne courſe vers ſes quartiers, ie la prie humblement, qu'elle m'en tienne aduerty. Ie n'auois ceſte annee, à quoy me pouuoir occuper en mon eſtude; & par ce recueillant ce que v. R. m'apprint, i'en fis vn liure, & le mettant au iour le fis voir au college 10 des Lettrez; il n'y eut celuy, qui ne s'en eſmerueillat, & ne ſe ſoumit à elle, diſant, que v. R. eſt le Schingin, c'eſt à dire, le Sainct de ce temps. Ce que ie vous y ay adiouſté, aura aſſeurément quelque faute. Et ie me doute qu'il ne contrediſe à ſes hauts concepts. Parquoy i'enuoye vn mien ſeruiteur qui luy porte la preſente, afin que v. R. le liſe, la priant humblement de le voir exactement, & le corriger, si quelque chose merite d'estre retenue, qu'elle l'agence: si elle est contraire à la raison, qu'elle la biffe: à ce qui n'est pas bien declaré, qu'elle donne plus de clarté, & le perfectionne, escriuant le tout en vn autre liure à part. Et ie la supplie de me le renuoyer dans peu de iours par le mesme seruiteur; pource que ie l'imprimeray quant & quant, afin qu'il coure & s'espande, faisant que la doctrine de v. R. se diuulgue & dilate par tout les quartiers du monde. Ainsi ceste amitié d'entre nous ne sera vaine.

En ces quartiers on fait grand conte des liures Hothu, Cosciu, Pequa, Queuscieu, Thaiquitu, & autres semblables, qui traictent du poinct, de la ligne, de la superficie, & de la profondité. Tous ces Lettrez font le cercle de la ligne: mais selon la doctrine de v. R. de la ligne se fait le terme, & l'extremité du cercle; & le cercle est dedans icelle. A raison dequoy traittãt en ceste sorte du Thaiquié, c'est à dire de Dieu, elle deuance, & surpasse tous nos Lettrez. Et à la verité elle est suffisante pour esclarcir les tenebres de mille antiquitez, qui iusqu'à maintenant n'ont point esté penetrées. Ie suis seulement en tres-grand peine, de voir, que le plus haut de mon stile est trop bas,& insuffisant, pour pouuoir illustrer & amplifier ses excellents conceps. Ie la prie hnmblement de me faire sçauoir par le menu ce qu'il y a de bien ou de mal, afin de le pouuoir soudain changer, & rabiller le tout. Cependant ie demeure auec vn extreme desir, & dressé sur la poincte des pieds ie me tiens regardant si ie pourray descouurir, & voir v. R. de Suche le xxij. de la iiij. Lune, & du regne de Vanlie 12. l'an xxiiij.

THÆISO PLVS IEVNE frere, frappe vne autre fois de la teste en terre, &c.

DE ceste lettre de Thaiso on peut descouurir de quel humeur sōt les Chinois, & combien ils sont affectionnez & recognoissants à leurs bien-faicteurs. Auec ce ie viens au secōd poinct, qui est de la disposition de ce peuple à receuoir le sainct Euangile. Ie le traitteray briefuement, en touchant quelques choses plus importantes pour rafreschir la memoire de ce qui fut escrit l'annee passee.

Premierement donc il faut sçauoir, que ce Royaume est tres-vny, veu qu'il n'a point de Princes particuliers ny autres Seigneurs, qui ayent des vassaux: mais tous tant grands que petits sont esgalement subiects à vn seul Roy, & Monarque, lequel se tenant tousiours à Paquin gouuerne à baguete tout le Royaume, auec telle communication, & pouruoyant tellement aux negoces plus particuliers de toutes les villes, & villages de la Chine, que si c'estoit vne seule famille, ou vne petite villette. Ce nonobstant il est certain qu'elle est diuisee en treize Prouinces, & en deux cours de Nanquin, & Paquin; & tout le Royaume a telle estendue qu'il commence au 19. degré de la ligne equinoctiale, & va iusques au cinquantiesme, vers le Septentrion. De sorte que de ceste part il contient en diametre cinq cens cinquãte lieuës d'Europe; Et son diametre de l'Orient en l'Occident est presque le mesme, attendu que tout le Royaume s'approche fort de la figure ronde. La multitude des habitans respond à l'estendue du pays: & sans doute ceste vniõ, & communication singuliere des Chinois auec leur Roy seroit de grande consequence pour leur conuersion. Car gaignant vne fois la volonté du Roy, on gaigneroit ensemble celle de tout le Royaume, qui luy est si subiect & bien vny.

En second lieu de ceste grand' vnion, de ce Royaume, vient qu'il n'y a qu'vne langue vniuerselle en toute la Chine, qu'on nomme des Mandarins: & ceste langue tout le monde l'entend, quoy qu'il ne la sçache pas parler. C'est proprement, comme vous diriez en Italie la langue de la Cour de Rome, qui est entendue par tous les quartiers d'Italie; combien que chacun aye tousiours chez soy quelque dialecte en sa langue. Ce qui facilite encore beaucoup le cours, de la predication Euangelique, puis qu'apprenant vne seule langue on peut s'employer au salut de tant & si grandes Prouinces.

Tiercement tout le Royaume de la Chine est fort fertile, & plantureux en tout, & autant presque, que l'Europe.

Les hommes y ſont fort induſtrieux, & conſequemment riches pour la plus part. Et par ce le viure encore y eſt à fort bon marché: de façon que ſi noſtre ſaincte foy y eſt receuë on pourra fort ayſement y entretenir pluſieurs ouuriers ſans importuner les Chreſtiens d'autre part, comme on fait pour le Iapon, ou la pauureté eſt ſi grãde, que ceux qui y trauaillent pour le Chriſtianiſme, ſont forcez de pourchaſſer de dehors des aumoſnes pour viure. Maintenãt meſmes vous trouuerez en la Chine des monaſteres de Bonzes ſans nombre, leſquels s'entretiennent tous des rentes du Roy, outre pluſieurs offrandes, que les particuliers leur font. Et cependant ils n'ont ny foy, ny eſperance en leurs Pagodes. Que feront-ils donc, quand ils orront, qu'on leur donnera cent pour vn, voire en ce monde, & par deſſus encores la vie eternelle, en l'autre?

Pour vn quatrieſme, les Chinois ſont bien-faits & diſpos de leurs perſonnes: Mais encores mieux complexionnez & reglez en leurs façons. Ils ont naturellement vne grande douceur & benignité: gardent fort la decence en leur marcher

& conuerser: Ne portent aucunes armes, non pas mesme vn couteau, s'ils ne sont soldats: Et ceux cy encores lors tant seulement, qu'ils sont actuellement en garde. Car en autre temps soit en leurs maisons, soit en chemin, ils n'ont accoustumé d'aller auec armes. Leur vestement est large & long, iusques aux pieds, tant des hommes que des femmes, & iceluy fort simple, & tousiours d'vne façon, qui s'est conseruee par plusieurs centaines d'annees. Ils vont communement les mains couuertes, enueloppees dans les manches de leurs robes: sauf quand ils les ocupent auec l'esuentail, que d'ordinaire tous portent, iusques aux artisans, vilageois, & semblables. C'est merueille, qu'il suruienne icy quelque debat, ou contention de paroles, voire parmy les gens de basse condition. Laquelle encore en fin si elle arriue, se termine soudain auec quatre coups de poing, ou quatre iniures. En somme quant à la bien seance exterieure, & ce qui conuient au dehors, il me semble qu'en plusieurs choses ils ne se laissent vaincre aux Europeans, ny en quelques vnes aux Religieux mesmes.

En cinquiesme lieu, ie ne croy pas, qu'il se lise és histoires de quelque autre nation, qu'elle se soit tant adonée à l'estude des lettres, que la Chinoise. Ce qui aduient de ce que le Roy, duquel tous dependent, comme membres du Chef, ne despart point les charges des Prouinces, & lieux particuliers, sinon conformement au degré, que chacun tient és lettres. Parquoy tous indifferemment se iettent à l'estude pour paruenir aux dignitez & grades, que la nature corrompuë affecte tant. Ie diray vne chose, qui semblera incroyable, & si la voy-ie cependant icy de mes yeux. C'est qu'il se trouue autant d'Athenes, en ce Royaume, qu'il y a de villes, ou gros bourgs en toute la Chine: Puis qu'en chacun d'iceux il y a vniuersité formee, ou tous ceux du lieu sont enseignez & examinez, sans que ceux de ceste vniuersité se meslent auecques ceux des autres. Ce qui se faict auec tant d'integrité des examinateurs, qu'on donne plustost le iugement, & le degré à la composition, & puis on ouure le nom de l'Autheur, qui estoit cacheté. Et ce en outre auec si grãde facilité & espargne des estudiãs, qu'au lieu de payer quelque chose à l'vniuersité on donne des prix aux despens du Roy selon les merites du gradué, finalement tout y est si bien ordonné, que pour passer tous ses degrez & estre Docteur en la Chine, vn homme en tout le temps des estudes ne despendra pas plus d'vn, ou deux escus en liures. A raison dequoy pas vn ne laisse d'estudier, & ne fait-on aucun estat de la maison, qui n'a son estude, & librairie, laquelle la plus part ils ont és maisons champestres, ou ils se retirent plusieurs fois l'an pour estudier plus à requoy. De là vient, qu'on trouue icy des Lettrez sans nombre: Ains on peut dire en verité, que tous les Chinois sont Lettrez: excepté seulement quelque petit nombre de marchans, d'artisans, de seruiteurs, & de laboureurs: Tous lesquels neantmoins, iusques au plus pauure, apprennent du moins à lire, & à escrire. Or tout cecy est de tresgrande importance, à ce que le sainct Euangile s'estende icy auec autant de facilité, que de grand fruict. Car les esprits sont exercez pour bien, & pleinement entendre les mysteres de nostre foy: & tous

tous sçachant lire,& escrire peuuent apprendre d'eux-mesmes la doctrine Chrestienne,&en quelque part, qu'ils soyent, auoir auec eux des liures au lieu de predicateurs.

Sixiesmement, comme ils ont beaucoup de lettres,ainsi ont ils force loix & fort bonnes pour le gouuernement politique: Et ce qui plus importe, l'obseruation d'icelle est tellement en vigueur, que si Platon reuenoit au monde, il diroit sans faillir,que le modele de sa republicque est mis en praticque en la Chine. Vn des principaux moyens pour le bon gouuernement, est de consulter les cas, qui se presentent de plus d'importance, auec les Lettrez plus braues du Royaume. Ce qui se faict imprimant à Paquin les propositions, dont on doute, & les enuoyãt de là par toutes les autres Prouinces. Ce fait le President de chacune d'icelles en aduertit toutes les villes en particulier, & chacune appelle à l'examen,tous les Lettrez graduez,&faisant eslite de la fleur d'iceux l'enuoye à sa Metropolitaine, & capitale, ou tous les Esleuz de toutes les villes de la Prouince se rassemblent. Là entrez en l'vniuerſité principale ils ſe mettent tous en meſme temps à eſcrire leur aduis ſur les faicts propoſez, & ce faict le Preſident de la Prouince reuoit auec ſes Aſſeſſeurs toutes les opinions, & choiſiſſant les meilleures les imprime en vn liure ſous le nom de ſa Prouince: lequel apres il enuoye à la Cour de Paquin, ou tous les liures enuoyez de chaſque Prouince ſont derechef reueuz par le College des Lettrez, & le conſeil Royal. En fin ils les liſent au Roy, determinant ce qui ſe doit faire. D'où vient, que tout ce qui ſ'arreſte à Paquin, eſt receu de tout le Royaume les yeux fermez, comme choſe venant du Ciel. Or s'il eſt vray, cõme il eſt treſ-veritable, que *Ibi ſalus, vbi multa cõſilia*, chacun peut penſer, comment les Chinois s'aſſeurent és choſes politiques, leurs cõſeillers eſtans d'vn rare eſprit, & infinis preſque en nombre, comme il ſe voit par les catalogues imprimez. Et pour donner preuue de cecy; ie traitteray ſeulement de ceſte Prouince de Canton, ou ie me retrouue. Icy doncques pour la conſultation Prouinciale s'aſſemblent trois mille Lettrez dans leur ville capitale, leſquels ſont la fleur, & l'eſlite de toutes les villes, & terres de la Prouince: auec tel ordre, que de mille on en choisit ores trente, ores quarante, & pour le plus cinquante. Prenant donc ce plus grand nombre de cinquãte, & les esleuz pour ce conseil Prouincial estant trois mille, il s'ensuit de necessité, que tous les Lettrez & graduez de ceste Prouince reuiennent à soixante mille. Maintenant si en vne Prouince se trouuent soixante mille graduez, quel sera le nombre des Lettrez, qui n'ont point de degré? Et si cecy est en vne Prouince, quel en sera le nombre, adioustant aux graduez ceux qui estudient en ces treize Prouinces auec les deux Cours souueraines? A ceste merueille s'en adioint vne autre non moindre, à sçauoir que tous ces Lettrez sont vnis & d'accord singulierement par ensemble, suiuans tous la doctrine d'vn seul maistre & Docteur, qu'ils ont appellé le Confus. Dont on infere combien les Chinois seroyent vnis en vn mesme iugement & volõté, par le moyen d'vne foy, d'vn Baptesme, & d'vn Dieu mesme.

En septiesme lieu, d'autant que l'oysiueté est l'origine de tous maux & qu'elle seule est suffisante de ruiner quelconque republique, comme il eſt eſcrit és ſaincts liures, qu'il en print à ces cinq citez infames; De là vient que les Chinois s'efforcent au poſſible de la bannir de leur Royaume. De ſorte, que tous ſont ſi bien occupez, & embeſongnez, que ie ne ſçaurois dire bonnement, ſi le trauail des artiſans, & autres gens de peine eſt plus grand, que celuy des Lettrez. Si que dans la Chine ne ſe peut trouuer vne troiſieſme bande, qui ſoit composee de vagabonds. Il n'eſt beſoing, que ie declare les occupations des artiſans dans chaſque ville; ie toucheray ſeulement, de quel eſguillon les Lettrez ſont eſueillez à eſtre continuellement en l'exercice des lettres. C'eſt que non ſeulement ils ſont examinez plusieurs fois, & à toute rigueur pluſtoſt, que d'auoir leur degré; mais encores apres l'auoir eu ils ſont tous les ans ſouſmis à ce meſme examen. Et ſe trouuant, qu'ils ont profité en ſçauoir, on les aduance à vn plus haut degré; comme auſſi au contraire, ſi par diſgrace ils ont reculé, on leur donne de griefues penitences, les demettant par fois de leur grade; tellement que ſoit pour ſe maintenir en leur degré, ſoit pour paſſer à vn plus haut, tous eſtudient touſiours, auec telle emulation & obſtination, que pluſieurs en deuiennent hectiques, aux autres la veine ſe rompt, & on a veu, que quelques vns ſont tombez morts quaſi ſondainement dans la ſale meſme de l'examen. Et certes ie ſuis eſmeu à compaſſion de voir icy vn bon vieillard noſtre amy, lequel ayant ſes degrez il y a quarante ans, ſe trauaille, & ſe tuë à s'exercer au ſtile, & apprendre par cœur des liures de ſa faculté, non autrement que font parmy nous les petits enfans, qui eſtudient en grammaire.

Pour vn huictieſme, ces gens ſont alienes des nouueautez. Et partant comme ils ſont fort fideles & obeyſſans au Roy, ainſi ſont-ils encores tenaces extremement de leurs traditions, & couſtumes anciennes. Et ſur tout à conſeruer pure & en ſon entier la doctrine de leur Confus. De faict les interpretes rapportent les ſentences du Confus, conferent les diuerſes leçons, & content encores le nombre des paroles, auec telle primeur, & diligence, que c'eſt merueille. Or combien ces façons de faire importent à ce que les heresies, & schismes n'entrent aisément dans ceste Chrestienté, chacun le peut iuger bien tost.

Le neufiesme poinct sera, que non seulement les Chinois ont grand soing des choses exterieures, & de conseruer en paix leur republique. Mais qu'ils font encores grand conte de l'interieur, ornant l'ame de vertus morales. Parquoy ils font plusieurs œuures pies, comme donner l'aumosne aux pauures, entretenir des hospitaux en toutes les villes, & choses semblables. Ils tiennent pour chose saincte de mortifier & matter le corps, & de dompter par ce moyen encore les passions; & partant ils ont coustume de ieusner, quoy que d'vne façon bien differente à la nostre. Car leur ieusne consiste à s'abstenir de chair, d'œufs, de laict, & de poisson, pour le reste ils mangent tout ce qu'il leur plaist & si souuent, qu'ils veulent. Par ainsi nous n'auons point de difficulté quant à cela, d'autant, que quand ils nous conuient, c'est assez de leur dire, comme on feroit parmy les Chrestiens, que nous ieusnons. Ie dis le mesme de nos sacrifices, offices, oraisons, dequoy ils s'edifiét grandement. Ils trouuent fort bon de n'auoir qu'vne femme, & font grand conte de la femme, qui viuant chastement en viduité ne conuole à secondes nopces. Voire les Mandarins leur donnent des prix & plusieurs priuileges, cõme les Romains faisoyent iadis à leurs vierges vestales: En leurs liures on voit particulieremẽt recõmandé l'examen de soy-mesme & de toutes ses actiõs, specialemẽt de celles, qui n'apparoissent point aux autres; pource que les hommes ont coustume d'estre plus negligens en icelles, à faute d'auoir quelqu'vn, qui les cẽsure. A ceste cause ils loüent fort les retraictes, que quelques vns font en leurs maisons champestres, & lieux solitaires, pour vacquer à la contemplation de la lumiere & cognoissance naturelle, & pour se reformer eux mesmes en se remettãt vne fois au premier estat, auquel, comme ils disent, ils furẽt créez du Ciel. C'est la cause pour laquelle en ces quartiers florit vne congregation d'hommes Lettrez, lesquels fuyant les distractiõs de la Cour, & les charges des gouuernemens, demeurent en repos chez eux vacquans au susdit exercice, & s'assemblant entr'eux font des conferences à guise de ces anciens peres du desert.

Les femmes ne se laissent pas vaincre aux hõmes en cecy. Car il y en a force, qui se font Nonnains à leur façon,& viuent ensemble és Monasteres, regies seulement de l'Abbesse. Ie laisse à dire, que toutes les femmes de la Chine viuent auec tant d'honnesteté, & si retirées chez elles, que si elles estoyent dans vn cloistre. Elles ont grand soing d'honorer & d'aider les morts, quoy que ce soit en vain. Entre toutes les vertus morales, desquelles les Chinois se glorifient plus, l'obeyssance au pere,& à la mere tient le premier rãg: & ils disent qu'en icelle gist la perfection de l'homme. Parquoy ils font pour eux choses extremes, specialement, quand ils meurent: ils se reuestent de dueil trois ans entiers, & ce temps pendãt ils ne se marient point, du moins auec solemnité; ne prennent point de degré, n'admettent nulles charges; ains s'ils sont en quelque office ils le quittent soudain, ou qu'ils se trouuent se retirans chez eux pour faire leurs obseques. Finalemẽt à ce qu'aucun ne s'oublie de ce, qu'il doit faire en ce renouuellement de ſoy-meſme, & pource qu'il y en a, quoy que bien peu, qui ne ſçauent pas lire, & afin que les enfans puiſſent ſuccer auec le laict les preceptes & regles de bien viure, ils ont vn ſommaire des ſix commãdemens, que tous doiuent garder, pour eſtre publié & recommandé à viue voix, y ayant pour ceſt effect des hommes gagez par toutes les ruës des villes. Ce qu'ils font tous les quinze iours, ſçauoir eſt aux nouuelles, & plaine, lunes; Et par ce moyen à meſme temps, à meſme iour, ains à meſme heure, qui eſt bien peu deuant le Soleil leué, par toute la Chine, quoy que ſi grande, en toutes les villes, & par toutes les rues la meſme doctrine des ſix commandemens eſt publiee. Ce ſont ceux, qui ſ'enſuiuent. Le premier, obeyr au Pere & à la mere. Le ſecond, reuerer les plus grands, & les ſuperieurs; Le troiſieſme, mettre paix entre les voiſins. Le quatrieſme, enſeigner ſes enfans & nepueux. Le cinquieſme, faire bien chacun ſon office. Le ſixieſme, ne faire rien de mal, comme tuer, paillarder, deſrober, & autres choſes, où ils mettent, preſque tous nos commandemens de la ſeconde table. Car le huictieſme, neufieſme, &

dixiesme se tirent aisément de leurs liures.

Finalement, quant à ce qui concerne la Religion, & les commandemens de la premiere table, vniuersellement parlant, les Chinois sont athees, principalement les Lettrez. Parquoy ils se soucient peu, ou point, que leurs Pagodes soyent adorez, ou non; quoy que bon nombre d'iceux aye ses Pagodes en sa maison, & que par tout le Royaume force temples se voyent consacrez à eux, ou les Bonzes font le seruice. Or comme ils sont athees, ils ne se soucient point ny ne pensent aux choses de l'autre vie; ne disputans aucunement de l'immortalité de l'ame, ny du guerdon & supplice, qui l'attent vn iour selon ses œuures. Ce qui nous fait esmerueiller beaucoup voyant, que personnages de tant de iugement, bien versez aux lettres, & tant amateurs de l'honnesteté soyent si aueuglez en choses si claires, & importantes, comme sont. Qu'il y aye vn seul Dieu Createur, & Gouuerneur de l'vniuers; Que l'ame raisonnable soit immortelle; Et que par consequent elle doit estre recompensee, ou punie selon ses merites; &

choses semblables: attendu mesmemẽt, que ces veritez peuuent estre aisément recueillies de leurs liures, & des traditiõs antiques, & peintures, qu'ils ont en plusieurs lieux du San-Pao (qui est leur Dieu) des peines de l'enfer, &c.

I'ay touché briefuement ces dix poincts, & conditions, afin que tout le monde sçache, combien les Chinois s'approchent de la lumiere de la raison, & comme ils sont bien disposez à ce, que sur tels fondements on puisse promptement dresser l'edifice des commãdemẽs, & conseils Euangeliques. Et certes c'est vn grand contentement de voir, combien aisément ils se rendent à la verité; & peut-on dire sans exaggeration, que tous les Chinois non seulement ne resistent point à nostre saincte foy, quand on la leur presche; ains qu'ils l'approuuent encore beaucoup, voire, qui plus importe, desirent, & demãdent d'estre enseignez.

I'aurois beaucoup à dire, touchant cecy: mais ie l'obmets par briefueté, content de mettre seulemẽt quelques exemples, qui monstreront le concept, que les Chinois forment de nos choses.

Le Tauly, qui est comme president

de deux villes, à ſçauoir de ceſte-cy & de Nanhiun, vint vn iour viſiter ce logis, & voyãt vne Image du Sauueur, demanda, de qui elle eſtoit. Luy eſtant reſpondu, que c'eſtoit du Schauti, (ainſi nomment-ils Dieu en leur langue, & vaut autant à dire, que Roy ſouuerain, lequel tout homme doit recognoiſtre ſur peine de treſ-grand peché) Le Tauly repliqua, ou c'eſtoit que cela ſe traittoit. Car il n'en auoit iamais rien leu, ny entendu. Et luy eſtant dit, que cela ſe traittoit en noſtre Loy, il demanda ſoudain, que nous la luy monſtraſſions: mais oyant qu'elle n'eſtoit encore traduite en langue Chinoiſe, il monſtra d'en eſtre fort marry, nous exhortant de la tourner au pluſtoſt, & qu'il viendroit lors nous en demander vn exemplaire. Tandis que le Pere Lazare Catanee eſtoit icy, vn Mandarin d'vne autre ville, qui auoit ouy le bon bruit des Noſtres, vint auec de ſes parens pour s'informer de la doctrine, que nous preſchions: Et pour autant qu'il eſtoit tard, quand il vint, il ne peut eſtre pour lors entieremẽt ſatisfaict. Parquoy le lendemain il reuint à bõne heure pour acheuer d'entendre, cõme il penſoit, tout le reſte de noſtre loy. Or le Pere luy declarant certains poincts, il demanda du papier, & de l'ancre pour les notter. Ce que ne ſe pouuant commodément faire, il le pria de luy donner ſon nom, & ſurnom par eſcrit en Chinois: Pource qu'il vouloit ſe reſſouuenir de luy, & ſe reſoluoit de reuenir le voir a meilleure commodité. Vne autre fois, comme le P. Ricchi traitoit auec Thaiſo cy deſſus mentionné, il luy raconta quelque exemple de nos ſaincts, qui auoient laiſsé parens, amis, poſſeſſions, & Royaumes pour ſeruir a noſtre ſeigneur. Ce n'eſt pas grand cas, luy dit Thaiſo, de faire cecy & beaucoup plus, a qui attend en l'autre vie vne telle beatitude, que voſtre loy promet. Quant a nous iuſqu'à preſent nous ne nous ſommes pas mis a faire tels eſſais, pour ce que nous n'auions point de loy, qui nous promit aucune recompenſe.

En la ville de Nanchian il y a vn Lettré de grand' authorité, qui eſt ſuperieur, & maiſtre d'vne congregation de ceux, qui vacquent à la reformation d'eux meſmes, & à plus de trois cens diſciples, Ceſtuy-cy traitant auec le P. Ricchi, lors qu'il alla donner commencement a ce-ſte Reſidence, & entendant les difficultez, que le P. trouuoit en ceſt affaire; il taſcha de le conſoler, & luy donner courage diſant. Il faut, Monſieur, que vous preniez cœur: vous auez a endurer beaucoup; voſtre nom eſt par tout fort celebre, & venant icy pour vne fin ſi noble, que de preſcher voſtre haute loy, il faut de neceſſité, que pluſieurs difficultez, & contradictions vous trauerſent: ſçachez que cela meſme eſt arriué a toutes les autres ſectes, lors qu'elles s'introduiſirent en la Chine: Mais auec le temps & la patience tout ſe facilita & vainquit peu a peu. Ce fut le conſeil de ce bon homme, qui monſtra, combien hautement il ſentoit de noſtre ſaincte loy, la iugeant meſme telle, qu'en fin on l'embraſſeroit en la Chine.

Vn autre Mandarin tenu pour fort prudent, & graue, apres auoir ouy le ſommaire de la loy Chreſtienne, ne douta point de dire, que ſi le Confus eſtoit viuant; il auroit ſans faute ſuiuy & embraſſé ceſte doctrine. Ce qui eſt la plus grande loüange, que les Chinois puiſſent donner à l'Euangile, attendu qu'ils tiennent le Confus en tel rang & opinion, que nous S. Iean Baptiſte. Tels & ſemblables rencontres ſe font en la Chine pour le Chriſtianiſme, & ce non en vn, ou deux lieux, mais en pluſieurs, & diuers endroits de ce Royaume. Nous auons faict le cõte, qu'il y a des Mandarins en plus de dix Prouinces, qui cognoiſſent, & ayment nos Peres. Nous n'auons pas encore ſçeu, que les Mandarins des autres cinq Prouinces cognoiſſoient noſtre Compagnie, mais il eſt bien probable, que les Noſtres leur ſoient cogneus, à cauſe qu'ils vont a tour gouuernant ores ceſte Prouince, ores ceſte autre. Et afin qu'on voye que ceſte familiarité, & affection ne conſiſte pas ſeulement en paroles, pluſieurs des ſuſdicts Mandarins nous cõuient à demeurer en leurs terres; de façon qu'on pourroit maintenant faire vn bon nombre de Reſidenſes en diuerſes Prouinces.

Icy ie viens a penſer, que quelques vns m'eſtimeront hyperbolicque, & que ie dis de la Chine, non ce qui eſt, mais ce que ie deſire eſtre, m'oppoſant les mauuais traitements, qu'on fit icy aux Noſtres les annees paſſees. A quoy ie respons, qu'il est bien vray, que la chose passa ainsi, comme on l'escriuit lors, voire que les difficultez y furent plus grandes, qu'on ne le peut exprimer par lettre. Mais quelle meilleure nouuelle pourroit on donner aux predicateurs de Iesus-Christ crucifié, q̃ d'auoir les croix apprestees? Afin toutesfois, que ceste nation ne demeure point tachee de ce preiugé contre sa conuersion, ie dis, que tout cela aduint lors, que les Nostres alloient en habit de Bonzes; Là ou depuis ayant changé l'accoustrement des Lettrez, les choses par la grace de Dieu vont autre train, comme nous auons dict. Faict en outre a considerer le lieu ou ces contradictions aduindrent, qui fut en Schiangin premierement & apres en Schiauché, toutes deux villes de la Prouince de Canton qui est a comparaison des autres plus au dedans, fort rustique & sauuage. Parquoy les Mandarins, qui passent par icy, nous conuiãt à leurs terres, rendent ceste raison entre autres, qu'ils ne peuuẽt souffrir, que nous soyõs parmy des Mangins, c'est a dire hommes Sauuages & Barbares. Et que si nous voulons voir la police, & ſplendeur de la Chine, il faut laiſſer l'eſcorce de ceſte Prouince de la liziere, & paſſer iuſques à la moüelle du Royaume. Thaiſo nous conſeille le meſme, comme on peut voir en ſa lettre au Pere Ricchi, que nous auons rapporté cy deſſus. Que ſi quelque autre veut dire, que ie ſuis trop credule, & me laiſſe tromper au beau ſemblant, & apparence exterieure des Chinois, n'ayant meſmement traité auec ce peuple que peu de temps, ie reſpons que ie ne pretends point de faire les Chinois Chreſtiens, pluſtoſt qu'ils ne ſçachent, qu'il y a vn Dieu : mais i'entends ſeulement de monſtrer leur bõne diſpoſition à ſuiure la foy Chreſtienne. Et quoy qu'ils approuuaſſent ce que nous diſons, ou faiſons, par vne ie ne ſçay quelle ciuilité, & honneſteté, ou bien par curioſité, voire encores pour quelque intereſt propre, ce ne ſeroit pas grand merueille, eux eſtans encores payens. Quant a nous cecy doit ſuffire, meſme à ce commencement, qu'ils trouuent bon ce que nous leur diſons. Que diſ-ie qu'ils le trouuent bon? C'eſt bien aſſez, qu'ils y ouurent l'oreille, & ne contrediſent point,ny nous chassent de la Chine. Car on doit esperer, qu'oyant ainsi la parolle de Dieu, quelque petit grain sera tousiours pour cheoir en bonne terre. Et pour satisfaire plus amplemẽt a l'obiect susdict, il suffira de dire, que les choses vont ainsi, que nous les auons escriptes. Ce qu'estant, s'il se peut dire, que la Chine parlant humainement, est fort preste de receuoir le sainct Euangile, ou non; tout bon iugement en iugera, & me dira ou c'est, qu'on lit d'autre nation, qu'elle aye tant de belles qualitez tout ensemble, comme a la Chine pour cest effect.

Il me semble bien donc, qu'on comprend assez de tout ce qui s'est dict, combien est disposé ce Royaume pour se cõuertir à la religion Chrestienne. Mais ou sont maintenant les ouuriers, qu'vne moisson si abondante, & ample recherche? Il ny a point eu icy iusqu'à present, q̃ trois des Nostres; lesquels apres auoir bien profité en la langue, ont esté enleuez par diuerses voyes. Car le P. François Pasi, & le P. Duarte de Sando furent mis hors la Chine par le commandemẽt du Tutan. Le P. Anthoine Dalmeide auec le Pere François de Pierre, comme l'vn ſucceda à l'autre en la charge, ainſi l'vn apres l'autre paſſa a vne meilleure vie. Le ſeul P. Ricchi eſt touſiours demeuré, & demeure par la grace de Dieu, comme vne colomne tres-ferme de ceſte miſſion, quoy que non ſans peine exceſſiue. Et vne des choſes qui a plus affligé ce bon Pere, a eſté de voir, que durant tant d'années il ne s'eſt peu iamais employer à bon eſcient à la conuerſion de ce peuple, ſe trouuant touſiours empeſché a dreſſer au langage quelque compagnon, qui le puiſſe aider en ceſte charge. De ſorte qu'on n'a peu faire rien plus en ce Royaume iuſques a preſent, que d'entretenir noſtre Compagnie. Maintenant par la bonté de Dieu nous ſommes ſept des Noſtres, & en tel credit, qu'auons monſtré. Mais qu'eſt tout cecy pour vn ſi grand, & ſi peuplé Royaume? Et ſi du Iapon, ou il y a cent & tant des Noſtres, auec force ieuneſſe des ſeminaires tres preſte a trauailler aux conuerſions, on demande neantmoins des nouueaux ouuriers; que deuons nous autres faire, en la Chine qui eſt plus grande, que le Iapon autant de fois, qu'on ſçait en Europe? Voſtre Paternité donques, qui a ceſte entreprinſe tant a cœur, recognoit bien, quelle neceſſité il y à en cecy, & quel en eſt auſſi le remede, ſçauoir eſt d'enuoyer d'Europe force des Noſtres, qui ayent fini leurs eſtudes, & ſoient forts & robuſtes. Ie dis d'Europe, pour autant, que ceux qui s'eſleuent aux Indes, ſont a peine ſuffiſans pour icelles, & pour les entreprinſes, qu'on y va tous les iours commenceant. I'ay dit auſſi, qu'ils euſſent finy leurs eſtudes, pource qu'il eſt neceſſaire, qu'ils puiſſent faire des liures, ou du moins les traduire en langage Chinois, ceſtuicy eſtant le vray moyen de combatre & ſouſmettre a la verité ceſte nation. I'ay dit encore de plus qu'ils fuſſent forts, & gaillards, d'autant qu'on a beſoing quaſi d'vn autre aage pour ſe rendre bon ouurier en ceſte langue. Car il ne ſuffit pas d'apprendre la langue commune, comme on fait traitant auec les autres gentils; Mais il eſt encore neceſſaire d'eſtudier leurs ſcience; Aquoy ſont requiſes bonnes forces, & vn grand eſtude, pour autant que leur langue eſt vne des plus difficiles, qui ſe trouuēt; & ce pour trois qualitez, qu'elle a. La premiere, que toutes ſes dictions ſont monoſyllabes, ce qui nous donne tres-grande peine; d'autant que l'oraiſon en eſt ainſi mince, & entrecouppee. La ſecōde, quelle eſt fort equiuoque, vne parolle ſignifiāt pluſieurs, & diuerſes choſes; & ne ſe diſtinguant que par certains accēts, ou pluſtoſt tous muſicaux. Ce qui demande vne oreille fort delicate & vne prononciation fort claire, & diſtincte. Autrement ſuruiennent a chaſque pas dix mille tragedies; ainſi qu'arriua a vn des Noſtres, lequel voulant prouuer aux Chinois, qu'il y auoit en Europe des nauires ſi haults, & capables, qu'vne tour; donnoit au mot, qui ſignifie *Nauire*, l'accent de celuy: qui ſignifie *vne brique*. Choſe, que les Chinois a bonne raiſon ne pouuoient croire en façon quelconque argumentant, combien grāde deuoit eſtre la fournaiſe, qui pouuoit cuire vne bricque ſi monſtreuſe; a quoy on s'en pouuoit ſeruir, &c. C'eſt equiuoque, & diuerſité de tous trauaille les Chinois meſme, de ſorte qu'ils ne s'entendent pas entre eux. Parquoy pour euiter toute ambiguité, ils redoublent deux, ou trois paroles, comme ſynonymes d'vne meſme choſe: & par fois s'expliquent par les Antithetes, & contre-positions: Mais pour le plus citent quelque ſentence des liures, ou ſoit la parole, dont on doubte. La troiſieſme conditiō eſt n'auoir alphabet, ou nombre certain de lettres. Car chaſque choſe à ſa lettre, ou pour mieux dire ſa figure, & hieroglyficque; De ſorte qu'il eſt neceſſaire d'apprendre toute ſa vie de nouueaux alphabets à chaſque iour. A ce trauail de langage s'adioint vn autre de l'eſtude de leurs ſciences, lequel ne doit, ny ne peut eſtre euité des Noſtres. Premierement pource que les Lettrez traitent entre'eux ordinairement auec termes, & phraſes des liures beaucoup diuerſes du parler commun, & vulgaire: tellement que les Chinois idiots ne les peuuēt entendre: & la plus grand part eſtant des Lettrez, qui ſont chefs & guides des autres, il faut que les Noſtres traitent auec eux en leur langue. Dauantage les Chinois ne choiſiſſent pour maiſtres, que ceux auſquels toute leur vie ils peuuent auec honneur s'aſſubietir: & n'eſt eſtimé ſage, qui ne profeſſe leur faculté. Dont il eſt neceſſaire, que les noſtres les eſtudiēt. Finalement il eſt beſoin de prendre ceſte peine pour refuter leurs erreurs auec leurs armes propres, entant qu'on les trouue a propos: cõme aussi pour apprẽdre le style de la cõposition, ou traductiõ des liures en langue Chinoise. Que personne pourtant ne perde cœur, estimant peut estre impossible de pouuoir auoir entree à ceste langue. Car le pere des misericordes, & Dieu de toute cõsolation, cõme il excite les esprits a aider ces gentils, ainsi il conforte, & console ceux qui le seruent en cela, & leur facilite toutes choses difficulteuses. A presẽt nõmemẽt que nous auons l'assistance de ces freres Chinois, & vne version du Suschiu liure plus important des Chinois, que le Pere Ricchi mit en latin auec la plus-part du Calepin Europee-Chinois. De sorte, qu'estant en santé, & estudiãt diligẽment on peut en quatre ans paracheuer ses estudes, arriuant a tel poinct, que de pouuoir traiter prõptemẽt de toutes choses. Ce que ie puis asseurer pour l'experiẽce, que i'en ay de moy-mesme. Car n'ayant esté icy qu'enuirõ dix mois, ie puis par la grace de Dieu subuenir, en cas de necessité, a vne confession sans interprete.

Outre plusieurs, & bons ouuriers on

auroit besoing d'vne bonne prouisiõ de liures. Car ayãt a traiter auec gens de lettres, & nous faisant professiõ d'estre tels, on voit assez, cõbien cela est necessaire, mesmemẽt en ce temps que les Chinois ont vn grand cõcept des Nostres, sçauoir est cõme de Tãgins, qui signifie des Predicateurs de la loy, & reformateurs de l'esprit. Quãt à la qualité des liures, V. P. peut bien iuger, quels seront bons, soit pour l'ayde & consolation des Nostres, soit pour faire voir aux Chinois, quel gẽre de liures & de science florissent en Europe, & cõme la verité de nostre saincte foy y est bien fondée. Particulierement la Bible du Roy a plusieurs lãgues seroit fort a propos, & signammẽt si elle estoit bien, & curieusement reliee. Car ces payens ne prisent les choses, que selon l'ornement exterieur d'icelles. On pourroit l'accompagner d'vn texte du Canon bien couuert, des Peres anciens, & particulierement des dix Docteurs de l'Eglise; pource que les Chinois s'estonnent, quãd ils entendẽt, qu'en Europe y a tant de Docteurs: cõsideré qu'ils n'en ont tous qu'vn seul, nommé le Confus. I'en dis autant de quelques Theologiens Scho-

Scholaſtiques, & Poſitifs; & de quelques Philoſophes tant ſpeculatifs, que moraux. Ie voy bien, qu'en peu de paroles ie demande beaucoup: mais i'y ſuis contrainct d'vn coſté par la neceſſité, que nous auons de tout cecy: & de l'autre la pieté & liberalité de ces Seigneurs d'Europe, ſpecialement de Rome, faict que ie me cõfie, qu'ils ne nous manqueront en vne choſe tant importante à la gloire de Dieu noſtre Seigneur, & a la promulgation de ſon ſainct Nom, en ce treſ-noble & fleuriſſant Royaume.

Nous auons auſſi beſoing d'Images pour pouuoir ayder auec icelles, & cõſoler les nouueaux Chreſtiens. Et par ce nous fiãt de la meſme pieté, & ſainct zele des Seigneurs de delà, les ſuppliõs humblement, qu'ils vueillent cooperer à la conuerſion de ces ames, nous enuoyant quelques Images tant paintes, qu'imprimees. Entre toutes ſeroiẽt a ces commencements fort à propos celles du Sauueur & de la benoiſte Vierge, à laquelle tous les Chinois, quoy que Gentils, ont grande deuotion, & font tres-humble reuerence, battant de la teste en terre en l'appellant *Schim mu nian nian*, c'est à dire, *Saincte mere & Royne des Roynes.* Et de plus ce seroit vn bien & consolation singuliere d'auoir deux de ces liures, que fit le P. Ierosme Natal, afin, que quand les Mandarins viennent tirez par le bruit & renom des Europeans, nous puissiõs leur monstrer chose, qui nous donne soudain occasion de semer, ce que ceste mission porte. Et pour ayder les idiots & plus simples, il seruiroit beaucoup d'auoir quelques petits liurets grossiers, & de douzaine, les figures desquels representassent les mysteres de la Foy, les Commandements, les pechez mortels, & les Sacrements. Car tout cecy se tient par deçà pour tres-artificieux & subtil, à cause de ses ombrages, que les paintures Chinoises n'ont point. Parquoy ces iours passez vn de ces Gouuerneurs vint icy ; & voyant vn petit liuret des mysteres de la vie du Sauueur, il en demeura tout raui, & vouloit en fin, que ie luy en fisse vn present. Mais iugeant peu conuenable de le mettre en main d'vn payen, ie m'excusay, disant, que c'estoit le liure de nostre Tau, c'est à dire, de nostre Loy, dont ie ne me pouuois priuer. Et replicquant, que i'auois raison, m'en demanda vn autre, qui ne fust pas tant necessaire. Ainsi ie luy presentay les fables d'Esope figurees qu'il receut auec les deux mains en m'en remerciant, comme si c'eust esté le plus subtil ouurage, qui sortit onc de Flandres.

C'estoyent les trois choses, qui se presentoient maintenant pour estre proposees à V. P. comme fort necessaires à ayder ceste Chrestienté, sçauoir est ouuriers, liures, & images. Plaise à Dieu nostre Seigneur d'ouurir les moyens, & expedients à V. P. de pouuoir satisfaire en tout cecy, & à son zele, & à nostre besoing. Cependant nous irons trauaillant à forger les armes de ceste langue, & apres vn Catechisme pour le mettre en lumiere, lequel fut premierement composé par le P. Ricchi, & puis reueu, & perfectionné par le P. Visiteur, & autres de Macao. Nous esperons en la bonté de Dieu, qu'il sera pour apporter grande lumiere à ce peuple, leur faisant voir clairement, combien leur doctrine est manque à comparaison de la Nostre. Les Chrestiens, qu'on a faict iusqu'à maintenant, donnent commencement de preuue, que le Christianisme est pour merueilleusement bien reussir en la Chine; quand auec la grace de Dieu les Nostres commenceront à courir çà & là publicquement, & a prescher mesmes és places. Ce qui ne s'est faict iusqu'à present, pource que lors, que les Nostres le pouuoient faire, ayant desia la langue assez à commandement, ils nous furent ostez, comme auons dict. Et ceux, qui sont icy auec moy, horsmis le P. Ricchi, & deux freres Chinois, sont encores nouueaux en ce pays. Pource aussi que nous iugeons estre meilleur de commencer par le Roy mesme, ainsi que nostre benoist P. François Xauier de bonne memoire auoit desseigné. Ce que tandis qu'on attendoit, il sembla bon de ne prescher auec plaine liberté, de peur que ces Mandarins ne soupçonnassent, qu'il se tramast en ce Royaume quelque reuolution, & trouble d'où vint la perte, & ruyne entiere de ceste mission. Et à la verité, comme nous le touchons maintenant au doigt, les Nostres ne le tromperent point attendant ainsi auec patience & longanimité le temps determiné au conseil priué de Dieu pour la conuersion de ce peuple, puis qu'ils sont venus par ce moyen à se faire cognoistre, & acquerant ce bon bruit sont arriuez au poinct, & estat, qu'auons escrit. En fin c'est à present, que nous y pensant le moins, par le moyen d'vn grand Mandarin s'est ouuert le chemin desiré des Nostres par tant d'annees, de pouuoir s'acheminer à la cour de Paquin? pour traiter auec le Roy, du subiet, pour lequel nous sommes icy. Par ainsi le mois de Iuillet passé le P. Ricchi, le P. Catanee auec Sebastien Fernandez partirent pour y aller. Nous auons ja sçeu, qu'ils estoient arriuez à la Cour de Nanquin; dont ils estoient pour passer à celle de Paquin. Nous n'auons sçeu encores ce qui en est; mais de ce voyage vers Paquin le P. Ricchi en escrit au Pere Recteur de Machao, lequel sans faute informera plainement de tout V. P. Parquoy ie feray fin en inuoquant humblement l'intercession de toute la Cour celeste, & particulierement de la B. Vierge, des glorieux Apostres S. Pierre, & S. Paul,

& de tous les Anges protecteurs, & gardiens de la Chine; afin que deuant le Throne de la tres-saincte Trinité ils nous impetrent vn bon commancement, meilleur progrez, & tres-bonne fin de ceste entreprinse tant importante; & a ce que reüssissant, comme par la bonté de Dieu nous esperons, à la gloire de son S. Nom, & augmentation de la S. Eglise Catholique, toute creature dise, *Sedenti in Throno, & Agno, benedictio, & honor, & gloria, & potestas in secula seculorum. Amen.* Ie me recommande bien fort aux S. sacrifices, oraisons, & benedictions de V. P. de Schiauché, ce 18. Oct. 1598. De V. P.

Seruiteur & fils en nostre Seigneur
NICOLO LONCOBARDI.

ADDITIONS POVR L'INTELLIGENCE de la lettre de Thaiso.

I

THAISO FRERE PLVS ieune) *C'est autant que dire, Je tel, & de ce respect ils vsent traitant auec leurs esgaux, ou Superieurs.*

2 Qui me tiens à costé) *Se tenir à costé est en la Chine de l'enfant au Pere, du Disciple au Maistre, &c. Ceremonie qu'ils gardent en se seant, non comme entre nous estant les deux au pair en ligne droicte; mais la droicte de l'vn respondant à la gauche de l'autre, en sorte qu'ils viennent à faire vn angle droict.*

3 I'ay veu Siquiamo) *C'est vn Mandarin de la ville de Nanchian, qui auoit là mesme traicté auec le Pere Ricchi vn peu auparauant.*

4 Du Pimpu de Nanchin) *C'est le President du conseil de guerre, qui a charge de toute la millice Chinoise.*

5 Mon pays) *Il s'appelle Succe, & resortit à la Cour de Nanchin; laquelle il dit estre pleine de mille meslanges, pour la grande multitude, & varieté d'habitans, qui y sont de toutes Prouinces, conditions, degrez, &c.*

6 L'examen de Quiugini) *Grade ainsi appellé, & qui se donne au Lettrez en la Chine.*

7 Le Mandarin Hanlin) *Il est du College des Lettrez, & du conseil Royal de Paquin.*

8 Sur ce qui luy proposa du poinct.) *Ceste dispute fust auec le Pere Lazare Catanee, qu'il estoit demeuré en Schiaucheo estant le Pere Ricchi à Nanchin.*

9 Fust si pres, que Nanchian) *De Nanchian à Suchee pays de Thaiso il y a dix iournees, & de Schiaucheo trente ou enuiron.*

10. Le fist voir au College des Lettrez) *Ceux-cy sont encores du Conseil Royal de la cour de Paquin.*

11 Et le Schingin) *C'est le plus grand tiltre, qui se puisse donner à vn homme en la Chine, & signifie vn qui naist sainct, & sçauant en perfection, qui peut estre maistre de tous, comme fut leur Confus. Ils tiennent, que chasque cinq cens ans doit naistre vn Schingin, & maintenant ils donnent ce nom au Pere Ricchi.*

12 Et du regne de Vanlie) *C'est le nom du Roy d'apresent, qui commança à regner à l'aage de seize ans, & en a regné vingt & cinq.*

FIN.

LETTRES DV PERE ALEXANDRE VALIGNAN, VISITEVR DE LA Compagnie de IESVS au Iappon & en la Chine.

AV REVEREND PERE *CLAVDE AQVAVIVA,* *General de la mesme Compagnie.*

MON REVEREND PERE en nostre Seigneur.

La paix de JESVS-CHRIST, &c.

DEPVIS la mort de Taicosama souuerain Seigneur de tous les Royaumes du Iappon, il a pleu à Dieu le Createur nous exercer en ces contrées, par diuers & bien differens succez d'affaires, nous tenant tantost en crainte, par l'apprehension des dangers qui nous menaſſoyent: tantoſt nous reſiouyſſant par quelque faueur celeſte?& touſiours par vne particuliere prouidence, guident tellement nos trauaux, que ſa diuine bõté n'a iamais manqué à nous donner force & courage parmy les aduerſitez, ny permis que les proſperitez nous fiſſent oublier de noſtre deuoir. Il a tellemeut entrelaſſé les contentemens auec les troubles,& temperé les trauerſes par extraordinaires viſitations d'en-haut, que ſon ſainct Nom a eſté touſiours de plus en plus glorifié,le credit & reſpect du S. Siege Apoſtolique augmenté,le nombre des fideles ſi bien accreu que depuis le mois dernier de Feurier (que furent eſcrites les dernieres lettres) iuſques à ce mois d'Octobre, nous auons en diuers lieux baptizé pres de quarante mille perſonnes, deſcouuert pluſieurs moyens pour en cõuertir encore plus grãd nombre,& commencé à rebaſtir pluſieurs Egliſes,qui furent ruynées il y a deux ans, comme nous dirons en ſon lieu.

Mais afin que voſtre Paternité entende plus clairement tout le progrez & ſuccez des affaires de pardeça, deſquels (maugré nous) depend entieremẽt l'aduis que nous desirons vous donner de l'estat de nostre compagnie, & de ceste nouuelle vigne de nostre grand Maistre, il vous faut ressouuenir comme Taicosama (ainsi que nous escriuimes l'an passé) auant que mourir, par vne merueilleuse sorte de serments, par diuerses alliances qu'il fit, & subordination qu'il mit entre les Regens & autres Seigneurs des terres de son obeyssance, s'efforça de tellement disposer les affaires de son Empire Japponois que le gouuernemēt peust estre continué sans troubles ou reuolutions, iusques à tant que le Prince son fils en fut capable & entrast en possession. A ces fins il luy fit fiancer la niepce du plus grand Seigneur du Iappon, nommé Gieiaso, lequel il constitua comme tuteur & protecteur dudit Prince, president & chef de tout le gouuernement, qu'il voulut estre administré par autre quatre grāds Seigneurs, afin qu'estans tous participans de cest honneur, & quasi esgaux en authorité ils n'eussent point d'occasion de se faire la guerre les vns aux autres: Ioinct les nouuelles alliances qu'ils auoyent contracté entre eux, & plusieurs serments, par lesquels ils s'eſtoyent obligez à viure en bonne paix. D'autre part le meſme Taicoſama tenant pour ſuſpect le grand pouuoir & authorité de ces cinq Seigneurs, en choiſit pareil nombre d'autres qu'il auoit faits de ſa main, enrichis & eſleuez aux grandeurs, & auſquels il ſe fioit entierement. Partant leur donna-il l'immediat gouuernement non ſeulement de la perſonne & de la Cour du Prince, ains auſſi de tout le Royaume du Iappon, à cõdition toutesfois de rendre conte des choſes de plus grande importance, à Gieiaſo, & aux quatre Regẽs ſes collateraux. Tellement que ſes quatre auec Gieiaſo auoyent l'honneur, & portoyent le tiltre de Regens, mais l'entier gouuernement eſtoit és mains des autres cinq affidez, le chef deſquels eſtoit Gibunoſcio, le plus grand amy que Taicoſama eut iamais.

Soudain apres la mort de Taicoſama tous les ſuſdits, ſuiuant la promeſſe qu'ils luy auoyent fait, & cõformement au ſerment preſté entre ſes mains ordõnerent que toutes les loix par luy publiées, auec le reglement couché dans ſon teſtamẽt, fuſſent de poinct en poinct gardees & obſeruees ſelon leur forme & teneur. En conſequence dequoy ils commanderent qu'on mit fin à la guerre de Corai, & que tous les Iapponnois ſe retiraſſent au pluſtoſt, ainſi que Taicoſama auoit ordonné. Ce fut vn Prince ſi excellent en ce qui concernoit les affaires de ſon eſtat que tant par la nouuelle forme du gouuernement qu'il traſſa, comme par les alliances des mariages qu'il traicta, & autres inuentions, renforcées par les magnifiques dons & preſens qu'il fit auant ſa mort à tous les Seigneurs du Iappon grands & petits, il ſ'obligea ſi bien leurs cœurs, & les rendit tellement affectionnez à ſon ſeruice, qu'ils prindrent tous au poinct d'honneur, de maintenir le Prince ſon fils en l'Empire, & faire entierement obſeruer tout ce qu'il auoit ordonné pour le gouuernement des pays de ſon obeyſſance. En quoy ils ſe comporterent ſi bien, qu'en tout le Iappon on ne trouua perſonne qui donnaſt aucun ſigne d'alegreſſe pour la mort de Taicoſama, comme on auoit couſtume de faire au decez des autres Souuerains Princes; ains ſ'en monſtrerent tous fort triſtes

& dolens. Nous receuions d'heure en heure plusieurs aduis de diuers Gentils-hommes Chrestiens, qui vous prioient de ne rien alterer en l'estat de nos affaires domestiques, ny monstrer tant fut peu d'aise de c'est accident, iusques à tant qu'on eut plus clairement veu comme le tout reüssiroit. Chacun se tenoit coy & sur ses gardes, entre crainte & esperãce (ainsi qu'il aduient en semblables cas) attendant le succez des affaires. Nous ne manquasmes pourtant de nous seruir des occasions que nostre Seigneur nous presenta pour l'aduancement de son Sainct seruice. Car Gibunoschio & Asonodangio tous deux Regens, estans venus de Meaco à Schimo, pour mettre fin à la guerre de Corai, selon la resolution prinse par tous les Regens, & en r'appeller l'armee Iapponoise, nous les visitames & fusmes tres-bien receus par eux, & gangnasmes tant, que par lettres qu'il m'escriuirent depuis, ils approuuerent mon retour au Iappon, permettans que ie m'arestasse à Nangasaqui (qui est le seul lieu où Taicosama nous auoit permis de resider; & promettans (specialement Gibunoschio intime du

Seigneur Auguſtin Trunc camindono Seigneur Chreſtien) d'auoir à cœur nos affaires, & nous fauoriſer autant que le temps leur permettroit. Mais parce qu'il n'eſtoit pour ceſte heure là poſsible de rien innouer contre les ordonnances de Taicoſama, il nous exhortoient à prendre patience, & attendre ce que Dieu nous enuoyeroit auec le temps.

Or comme il eſt mal aiſé que ceux qui commandent à l'eſgal demeurent long temps en paix, ſans auoir quelques picques & diſſenſions, au Iappon; Gibunoſchio & Aſonodangio qui iuſques à ce temps auoient eſté mortels ennemis l'vn de l'autre, quoy qu'ils n'en fiſſent point ſemblant; & au Corai certains Seigneurs qui eſtoient là, commencerent à ſe quereller pour raiſon de quelques difficultez qui ſe preſentoient ſur la concluſion de la paix auec ceux de Corai, & retour de l'armee au Iappon. Tellement qu'ils ſe mipartirent en deux factions, & ſoudain qu'ils arriuerent au Iappon, ceux qui auoient ſuiuy le ſieur Auguſtin eſtãt en Corai, ſ'vnirent auec Gibunoſchio; & ceux du party contraire, ſe rengerent auec Aſonodangio. Il y auoit beaucoup de Seigneurs de marque d'vn costé & d'autre. Auec Augustin outre Gibunoschio & ses adherens, estoyent les Seigneurs d'Arima & d'Omura, auec leurs confederez; le Roy de Saxuma Giananganádono, auec la noblesse de Chicungo, & entre autres le bon Toschirondono, & Tarazauandono, Gouuerneur de Nãgasaqui, & plusieurs autres Seigneurs de diuers quartiers. De l'autre bande estoit Asonodángio, Cansuídono Seigneur de la moitié du Royaume de Fingo, limitrophe de celuy d'Augustin, duquel il est ennemy mortel, Cainócamo, & Iquinócamo, Seigneurs du Royaume de Bugen, & finalement Nabéschima, Seigneur de Figen.

Les deux factions ennemies ainsi descouuertes, s'acheminerent vers la Cour qui estoit à Meaco, où l'vn party accusa l'autre, chacun faisant sçauoir ses plaintes, & s'efforçant de ruiner son aduersaire. Gieiaso & plusieurs autres Seigneurs s'employerent pour pacifier le tout, mais il n'y eut moyen, iusques à tant que la Sentence fut prononcée en faueur du Sieur Augustin. Combien que les partisans d'Asonodángio n'en furent pas contents, ains s'accoſtans de quelques Seigneurs de la Cour, & ceux-cy d'autres, en attirerent petit à petit ſi grand nombre, que dans peu de iours ils mirent tout le Iappon en euident peril d'vne guerre ciuile, de laquelle pouuoit fort aiſément reſulter vne reuolution generale de tout ceſt Empire. Car Gibunóſchio ſe declara contre Gieiaſo, diſant qu'il entreprenoit plus ſur le gouuernement que ſa charge ne portoit, & qu'il monſtroit clairement ſe vouloir rendre ſeul Maiſtre de la Tenze, qui eſt la principale piece du Iappon. Les choſes vindrent à tels termes que chacun ayant prins les armes, Gibunóſchio & les autres Regens, firent parler clairemēt à Gieiaſo, de certains articles qu'ils diſoyent auoir contre luy. Gieiaſo diſſimula pour lors bien à propos, & leur rendit bon conte de ſes actions. Mais dans peu de iours apres il fit venir de ſes terres plus de trente mille ſoldats, auec leſquels il ſe fortifia le mieux qu'il luy fut poſſible. Toute la nobleſſe du Iappon eſtoit pour lors en cour & ſelon l'ordonnance de Taicoſama ſe retiroit partie à Fuſciſmo, fortereſſe voiſine de Meaco, partie à Ozaca pour rendre plus d'honneur au ieune Prince, estant tous pres de sa personne. Qui fut cause qu'on veid tout à coup les plus grands diuisez en deux partis, les vns suiuant Gibunoschio & les Regens, les autres adherents à Gieiaso, quoy qu'à l'exterieur il se monstrast neutre, & se portast pour amy de tous. Ce bruit espars par les cōtrées voisines, les soldats commancerēt à courir chacun vers son chef & Seigneur, tellement qu'en peu de temps s'assemblerent à Fuschimo & Ozaca plus de deux cens mille personnes, & chasque Seigneur se tenoit en son hostel entouré de soldats & gendarmes, comme s'il eut esté assiegé. Les rues estoyēt couuertes de soldats qui alloyēt & venoyent nuict & iour auec vn tel bruit & tintamarre, comme si tout le monde eust deu perir entre ses deux forteresses: & marchoyent neantmoins auec vn si bel ordre, & tel respect qu'ils portoyent les vns aux autres, que pendant ceste rumeur, qui dura plusieurs mois, quoy que les ennemis se rencontrassent tous les iours, on n'en veid iamais vn qui mit la main à l'espée. Aussi sçauoyent-ils bien tous que de la premiere escarmouche qui ſe donneroit,ſuiuroit ſans doute vne treſ-grande tuerie,& que tout le Iappon ſeroit en danger d'aller ſ'en deſſus deſſous. Partant chacun ſe gardoit de commencer,& les chefs l'auoyent deffendu à leurs ſeruiteurs & ſoldats à peine de la vie. Mais comme chacun practiquoit d'attirer à ſon party le plus de gens qu'il pouuoit,celuy de Gieiaſo creut de beaucoup par vn bon nombre de Seigneurs leſquels quittãt Gibunoſchio,& ſes partiſans,ſe rãgeoyent auec ſon aduerſaire,ſi bien que le party des Regens eſtant fort affoibly, Gieiaſo cõme vainqueur commença à demãder auec inſtance que Gibunoſchio ſe fendit le ventre à la mode du pays, diſant qu'il n'y auoit pas de meilleur ny plus court moyen de mettre le Iappon en repos.Mais comme Auguſtin & quelques autres Seigneurs Chreſtiens auoyẽt ſuiuy le party de Gibunoſchio, on ſe craignoit bien que les choſes iroyent plus auant,& que le chef s'eſtant tué ſoy-meſme, ſes adherans couroyent fortune de leur vie. Cependant Gieiaſo venãt de iour en iour plus fort, s'empara vne nuict de la fortereſſe d'Ozaca, où eſtoit le Prince,& Gibunoſchio tout aupres, quoy que hors du fort, & en ſon Palais gardé par ſix mille ſoldats. Ceſte entreprinſe fut ſi ſoudainemẽt executée, que Gieiaſo ſe rendit maiſtre de la place ſans deſgainer eſpée, & auant que ſes aduerſaires en fuſſent aduertis. Ce coup affoiblit encore plus le party de Gibunoſchio, tellemẽt qu'il fut contrainct ſe retirer à Fuſchimo, qui eſtoit pour lors au pouuoir des Regẽs. Auguſtin le ſuyuit pour ne mãquer à la fidelité qu'il debuoit tant au deffunct Taicoſama, comme à Gibunoſchio ſon grand amy, & ſe retira dans Fuſchimo, reſolu d'y finir ſes iours, ſi meilleur parti ne luy eſtoit offert. Gieiaſo partit auſſi d'Ozaca, & ſuyuit sõ ennemy à Fuſchimo, où quelques grands Seigneurs traicterent la paix, & firent tant qu'il ſe contenta que Gibunoſchio renonçaſt à la dignité qu'il auoit, ne ſe meſlaſt plus du gouuernement, ains ſe retiraſt auec toutes ſes trouppes en ſon Royaume d'Omi. Ceſt accord conclu & arreſté, Gibunoſchio partit de Fuſchimo, auec vn fils de Gieiaſo qui luy fut baillé cõme en oſtage pour le cõduire en ſes terres. Auguſtin le voulut encore ſuyure, mais il ne le permit pas, ſe ſentant par trop obligé enuers luy pour la fidelité qu'il luy auoit monſtré en ſes aduerſitez. Pour laquelle il fut tāt eſtimé en ceſte cour, que Gieiaſo meſme ne ceſſoit de l'honorer & louër, diſant qu'vn Seigneur ſi loyal enuers ſon amy, comme Auguſtin s'eſtoit porté enuers Gibunoſchio, hazardant ſes biens & ſa vie pour luy, eſtoit tres-digne de tres-grand honneur, & qu'il deſiroit bien en auoir bon nombre de ſemblables. Et de faict l'ayant deſpuis ſouuēt appellé à ſoy, il luy monſtra beaucoup de familiarité, & luy fit pluſieurs particulieres faueurs. Ainſi fuſt le ſeigneur Auguſtin auec les autres Chreſtiens, deliuré du danger qu'il auoit couru, & nous hors de peur des perils qui nous menaſſoient. On ne peut nier que Gieiaſo ne ſe ſoit mōſtré tres-valeureux & tres-prudēt durant ces rumeurs, maniant ſi bien le tout qu'il a pacifié le Iappō ſans dōner vn coup d'eſpée Maintenant il permet bien que les Regents qui reſtent, gouuernent comme auparauant, quant à l'apparence exterieure, ce neantmoins il ne font que ce qu'il veut. Il les entretient en ceſte façon pour monſtrer, qu'il ne pretend qu'executer l'ordre preſcrit par Taïcoſama, & maintenir le ieune Prince en l'Empire.

Le Iappon ainſi remis en paix, les ennemis de Gibunoſchio non contens de le veoir priué de ſon gouuernement, ne pouuant ſouffrir qu'il veſcut, & moins qu'Auguſtin fut ſi bien venu aupres de Gieiaſo, recommencerent à les quereller & accuſer de nouueau. Mais Gieiaſo qui auoit ja deſcouuert leurs ruſes, & ne pouuoit ſupporter leurs importunitez, declara ne vouloir plus ouïr contre Gibunoſchio & le Sieur Auguſtin, & congedia tous ſes delateurs, qui s'en retournerent chacun chez ſoy, laiſſant le Iappon en repos, au grand eſtonnement de tous. Car il n'y auoit perſonne qui n'eſtimaſt impoſſible de pacifier ſi toſt tant de tumultes.

Il eſt vray que nonobſtant tout ce que deſſus on s'apperçoit bien qu'il y a encore quelques reſtes d'aigreur, & que toutes les humeurs peccātes ne ſont pas euacuées. Car les quatre Seigneurs collateraux de Gieiaſo au gouuernement, ne veulent permettre qu'il ſe rende Seigneur de tout le Iappon, ny qu'il tienne pres de ſoy le ieune Prince, Et partant quoy qu'au reste ils monstrent l'aymer & respecter, Si est ce qu'en ce poinct ils se gardent bien de luy.

Voyla sommairement ce qu'il nous a semblé bon de faire entendre à vostre Paternité, affin que puissiez mieux conceuoir & comprendre ce que nous escrirons desormais de noz peres & freres, & des Chrestiens qui sont de pardeça

Tandis qu'on estoit és susdictes rumeurs à Meaco, nous commençasmes à renuoier sans bruit noz Peres & Freres és lieux d'où quelques iours auparauant ils auoient esté contraincts s'absenter: le P. Organtin s'en retourna aussi à Meaco auec quelques Peres & Freres, pour se ioindre à ceux qui n'en estoient pas partis.

Depuis parce que Tarazamandos ne nous monstroit pas grande affection, nous resolumez de retirer de Nangasique vne bonne partie des personnes que nous y tenions, pour les enuoier en lieu plus propre à l'estude. Dequoy Monsieur l'Euesque aduerti, & voyant combien il luy importoit de sçauoir la langue du Iappon, pour bien s'acquiter de sa charge sans auoir esgard à son aage qui est de cinquante ans, ny aux trauaux passez, ny aux difficultez qui se presentoiẽt pour apprendre vn si farouche langage, se resolut de se retirer auec le P. Valentin Carauaille, & le P. Ieã Pamieres, en quelque lieu propre pour cest effect, prenant courage de supporter toute sorte de trauaux en tel aage que ce fust, pour chose tant necessaire à l'ayde du prochain. On esleust à ces fins l'isle d'Amacusa, qui est au Seigneur Augustin, lieu esloigné de toute sorte de traffique & destourbier, où nous auions jà quelque logis assez commode pour l'estude.

Ce fust au mois de Mars que Monsieur l'Euesque s'achemina vers Amacuza auec seize des nostres, & plus de trente escholiers du Seminaire qui debuoient ouïr l'abbregé des poincts de nostre Saincte foy, composé en Iappõnois. Nous demeurasmes là quelques mois vacquant à l'estude de ceste langue ayãts deux leçons pour iour, assistants aux repetitions, & trauaillants aux compositions auec autant ou plus de diligence que nous fismes iamais en Philosophie ny Theologie. Mais parce qu'Amaqu'Amacuſa eſt vn peu trop à quartier, & que de là ie ne pouuois commodement pouruoir au gouuernement des noſtres, ioinct que les affaires de Meaco s'appaiſoient de iour en iour, nous dreſſames vne nouuelle habitation & aſſez commode en la terre de Schico, qui eſt auſsi du Sieur Auguſtin, où nous auions auparauant vne reſidence. Ce lieu ayant eſté iugé plus propre, pour eſtre voiſin d'Arima, d'Omura & de Nangaſaqui, nous y paſſames au mois d'Aouſt & y ſommes à preſent continuant nos eſtudes.

Vne des occaſions qui nous fit haſter de parfaire au pluſtoſt le baſtiment de Schico, fut la peine que nous donna Tarazauandono. Car cõme il eſtoit à Meaco durant les ſuſdits troubles, il trouua fort mauuais que i'euſſe enuoyé là le P. Organtin, ſans ſon congé, parce qu'il craignoit eſtre accuſé deuant les Regents des griefs qu'il nous auoit faict, razant nos Egliſes. Crime qui eſtoit ſuffiſant pour luy faire perdre le gouuernement de Nangazaqui. Il commença dõc à nous brauer horriblement, enuoyant dire au Pere Organtin qu'incontinant

& ſans delay il rebrouſſa chemin vers Nangazaqui, ſeul lieu (ſelon ſon dire) où nous auions congé d'habiter, autrement & qu'à faute de ce, il ſeroit forcé de dire & faire choſes qui nous cuiroient. Il eſcriuit ſur ce meſme ſubiect vne infinité de complaintes au P. Vice-Prouincial, menaſſant de nous faire obeyr à ſa guiſe, où il n'auoit le pouuoir. De faict il manda à ſon Lieutenant de Nangazaqui, qui eſt Payen, qu'il ſe bandaſt entierement contre nous, faiſant du pis qu'il pourroit, & ne permettant qu'aucun Chreſtien entra en noſtre Egliſe. Ceſte ordonnance fut receuë à Nangazaqui la ſepmaine ſaincte, & ſur le champ executée par le Lieutenant auec telle rigueur qu'il print, & voulut faire pendre deux Chreſtiens qu'il trouua prenans la diſcipline, & fit endurer mille indignitez aux plus anciens Chreſtiens de Nangazaqui. Les noſtres en furent tant inquietez & troublez qu'il m'eſcriuerent eſtre du tout neceſſaire de tranſporter le ſeminaire de Nangazaqui, & enuoyer nos freres ailleurs, laiſſant là ſeulement quelques Preſtres pour aſſiſter aux Chreſtiens, & voir ſi par ce moyen on pourroit appaiſer

Tarazauandono. Cecy nous fit veoir à l'œil comme ç'auoit esté vne particuliere prouidence de Dieu, que nous fussions auparauant passez en l'isle d'Amacusa. Tandis i'enuoyay à Meaco le Pere Iean Rodriguez qui est fort cogneu à la cour pour auoir plusieurs fois traitté auec Taicosama des affaires de nostre Compagnie; escriuis au Sieur Augustin confederé de Tarazauandono les griefs qu'il nous faisoit, donné charge au mesme Pere de rendre compte audict Tarazauandono du voyage que le Pere Orgãtin auoit sans son cõgé faict à Meaco, pour chasser les ombrages qu'il en auoit prins, & de plus luy dire & declarer de ma part comme nous n'estions venus au Iappon que pour prescher nostre saincte foy, pour la verité de laquelle nous estions tous prests à espandre nostre sang iusques à la derniere goutte. Et partant qu'il tint pour chose tres-certaine, que s'il luy plaisoit nous fauoriser en ceste nostre entreprinse à la gloire de Dieu, nous le verriõs tousiours tres-volontiers gouuerneur de Nãgazaqui, que s'il s'opposoit à nos desseins, il n'y auoit force qui nous peut contraindre à suyure son party. Les Chreſtiens de Nagazaqui enuoyerent encore vers Tarazauandono pour ce meſme effect, vn deputé des plus anciens d'entr'eux.

Le P. Rodriguez arriuant à Meaco, fut fort courtoiſement receu par Gieiaſo & toute la Cour. Il traita auec Tarazauandono de ce qu'on nous auoit imposé ; le Sieur Auguſtin Arimandono, & le ſuſdict Chreſtien deputé des habitans de Nangazaqui, luy en parlerent auſſi, tellement qu'il ſe monſtra, non ſeulement eſtre ſatisfaict du tout, ains encore bien marri des faſcheries qu'il nous auoit donné. En preuue dequoy il eſcriuit fort affectueuſement à ſon Lieutenant, luy commãdant de ſe comporter tellement en noſtre endroict, que nous viſſions par effect, combien il deſiroit nous fauoriſer. Nous apperceumes bien toſt à Nangazaqui les effects de ceſte lettre, voyant noſtre Egliſe autant frequentee par toutes ſortes de perſonnes, comme ſi Taicoſama nous euſt dés ſon viuant, donné plein pouuoir de preſcher par tout le Iappon.

Quant au reſtabliſſement general de nos Colleges & maiſons, le Pere Rodriguez en parla encore à Gieiaſo, lequel ſe monſtrant fort affectionné à tout ce qui nous concernoit, reſpondit qu'il nous failloit prendre encore vn peu de patience. Car venant de ſe purger de la calomnie qu'on luy auoit mis ſus, diſant qu'il vouloit enfraindre les loix de Taicoſama, & ſe rendre Monarque de la Tenze, il ne nous pouuoit ſoudain & clairement permettre en ce que Taicoſama nous auoit refuſé. Mais que cela ſe feroit auec le temps. De laquelle reſponſe, & de quelques autres particularitez qui ſe paſſerent, tous les Seigneurs Chreſtiens, conclurent que Gieiaſo ne nous ſeroit pas contraire; & partant que nous pouuions viure en aſſeurance.

A peine eſtoit appaiſee la ſuſdicte boraſque, qu'il s'en leua vne autre plus horrible & dangereuſe à Firande, en la maniere qu'il s'enſuit. Le vieux Tono ou Seigneur de Firande eſtant mort, vn ſien fils Payen qu'on appelle Foin, & qui commandoit meſme du viuant de ſon pere, eſcriuit de Meaco, où il eſtoit pour lors, à ſon fils & autres qui gouuernoyent en ſon abſence, qu'il fiſſent faire grand nombre de prieres à toutes ſortes de gens, pour l'ame de feu son pere, & de plus contraignissent Dom Hierosme, Dom Thomas son fils, ses parens, seruiteurs, bref tous les Chrestiens de renoncer Iesus-Christ, parce qu'il estoit plus que resolu de ne laisser viure vn seul Chrestien en ses terres. A l'abry de ceste impie ordonnance toutes les forces d'enfer s'armerent pour la destruction de ceste Chrestienté, qui est des plus anciennes du Iappõ. La premiere à qui ce diabolique Edict fut intimé, fut Madame Mitia seur d'Omurandono, & femme du susdict fils de Foin, Son propre mary qui est Payen, voulut estre l'huissier, pour le publier; & luy dict, comme son pere Foin, homme fort constant en ses resolutions, auoit ordonné que tous les Chrestiens de ses terres, tournassent à la gentilité, & qu'elles monstrast le chemin aux autres, autrement qu'il la quitteroit, & renuoyeroit à Omura. Pour l'attirer mieux à la peruerse volonté de son pere, il accompagna ceste rigueur d'vn tas de paroles significatiues du grand amour & intime affection qu'il porte à ceste Dame, de laquelle il a des-ia trois enfans, tous ſecrettement baptiſez. Mais elle comme Dame de valeur, & à qui tels rencontres ne ſont pas nouueaux, luy reſpondit courageuſement, qu'à la verité ce luy ſeroit vn extreme creue-cœur de ſe voir eſloignee non ſeparee de ſon tres cher Seigneur & mary, neantmoins que c'eſtoit la moindre choſe qu'elle voudroit ſouffrir pour la foy de Ieſus-Chriſt noſtre Sauueur, eſtant preſte de mourir ſi faire ſe pouuoit, cent mille fois pour icelle. Et pour monſtrer par effect la fermeté de ſon courage, elle quitta la maiſon de ſon mary, & ſe retira en vn logis à part, d'où elle eſcriuit ſoudain à ſon frere Omurandono, le priant luy enuoyer compagnie pour la conduire, parce qu'elle eſtoit reſoluë de quitter ſon mary, & retourner à Omura, voire de mendier ſa vie de porte en porte (s'il ne la vouloit aſſiſter & receuoir chez ſoy) & mourir mille fois de male mort, pluſtoſt qu'offencer la Majeſté Diuine par vn ſi execrable peché, comme on luy vouloit faire commettre. Elle eſcriuit le meſme à Monſieur l'Eueſque, & à quelques vns de nos Peres, les priant la recommander à Dieu en ceſte ſi grande neceſſité. Omurandono reſpondit comme vn vray Chreſtien, luy preſentant toute ayde & faueur. Bref elle ſe porta ſi courageuſement que ſon mary ſe trouua depuis bien en peine pour la contenter & faire demeurer pres de ſoy; voire ſut contrainct luy promettre & iurer que iamais plus il ne luy diroit mot ſur ce ſubiect, ains luy permettroit de viure ſelon ſa deuotion, comme elle faict auec beaucoup d'honneur, & reputation.

Au meſme temps les ſuſdicts Dom Hieroſme & Dom Thomas, auec leurs autres freres, & Dom Balthazar leur couſin, qui ſont les principales perſonnes de Firande, tous proches parens du Tono, & fort riches Seigneurs, furent ſollicitez de renier la foy; mais ils reſpõdirent frãchement, qu'ils eſtoient Chreſtiens, non depuis trois iours, ains de longue main, & de pere en fils, depuis leurs ayeuls. Partant que le Tono leur commandaſt tout ce que bon luy ſembleroit, qu'ils luy obeyroient promptement, pourueu que leur foy & l'honneur de Dieu, n'y fuſſent intereſſez. Les gouuerneurs craignans d'vne part que ces

Seigneurs comme riches & puiſſants qu'ils ſont, ne ſe deffendiſſent par armes, & d'autre part deſirant fort les faire cõdeſcendre à la peruerſe volonté du Tono, vſerent de beaucoup de ruſes, iuſques à mettre des eſpions pour deſcourir s'ils feroient quelque aſſemblée de gens, ou braſſeroient quelque tumulte. Les ayants entretenus quelques iours en ceſte façon, ils les coniurerent de ne vouloir eſtre occaſion de leur propre & totale ruine ; ains dire pour le moins exterieurement qu'ils eſtoient preſts à faire tout ce que le Tono leur commanderoit, leur proteſtants qu'en ceſte façon toutes choſes s'accommoderoient. Mais c'eſtoit en vain qu'ils les ſollicitoiẽt. Tandis ces Seigneurs eſcriuirent à Monſieur l'Eueſque pour eſtre informez de ce qu'il pouuoient faire en ce cas ; ſe monſtrans preſts à mourir pluſtoſt que manquer à leur foy. Ils ſe recommanderent auſſi à noz prieres. Nous reſpondimes à leurs lettres, & parce qu'on attendoit d'heure en heure le retour de Foin, nous enuoiaſmes vn des peres pour les conſoler, auec les autres quatre qui reſident en ce Royaume, & leur donner le conſeil conuenable au temps. Ils prindrent finallemēt reſolution de quitter leurs biens & s'en venir à Nangazaqui, auant que Foin arriuaſt là. Entreprinſe que Dieu noſtre Seigneur fauoriſa ſi bien que ſans eſtre deſcouuerts ils s'embarquerēt tous vne nuict auec leurs femmes, enfans, familles & plus de ſix cens de leurs vaſſaux, pour ſe rendre à Nangaſaqui, comme ils firent. Ceſt acte heroïque eſtant depuis diuulgué à Firande, eſtonna tellement les Payens qu'ils ne pouuoient croire que tant de perſonnes ſi riches, ſi puiſſantes, ſi bien accompagnées, pour ne quitter la foy de IESVS-CRIST, ſe fuſſent volontairemēt priuées de toutes leurs commoditez temporelles, de leurs amis, & païs. Mais la diuine Majeſté en fut fort glorifiée, tous les Chreſtiēs du Iappon honorez, & nous extraordinairement ioyeux & cōſolez, quoy qu'il ſe preſētaſt en ceſt endroit deux difficultez non petites. La premiere procedoit d'vne loy de Taicoſama, eſtroitement obſeruée par tout le Iappon, par laquelle il deffend à tous vaſſaux & ſeruiteurs d'aller ſeruir autre Seigneur, ſans particulier congé de leur

Tono, voulant que ſi quelqu'vn s'emancipe pour contreuenir à ceſte Loy, ſon Tono le puiſſe tuer la part où il le trouuera, & les autres ſoient obligez à le luy liurer & mettre en main. Or tous les Seigneurs eſtans pour lors (comme il a eſté dict) à Meaco, nous n'auions personne qui les peut deffendre, ou receuoir en ſes terres. D'ailleurs Tarazauandono gouuerneur de Nangaſaqui eſtant grand amy & parent de Foin, ils ne trouuoient pas d'aſſeurance pour s'arreſter en ce lieu; joinct que le lieutenant du gouuerneur ne vouloit aucunemēt permettre qu'ils y arriuaſsēt. De là ſourdoit la ſeconde difficulté, ſçauoir eſt que nous n'ayans où retirer tant de gens, & demeurans au Iappon en la façon ſuſdicte, ne pouuions ſans tres-euident danger, entreprendre de les loger contre la loy du païs. D'autre part ces bons Chreſtiens eſtans partis de Firande ſi ſecretement, que pour n'eſtre deſcouuerts, ils n'auoient prins de prouiſions qu'autant qu'il leur en faiſoit beſoing pour arriuer pres de Nangaſaqui, ſe trouuoient degarnis de tous moyens, & ſans aucun remede. L'obligation que nous auons tous de nous ſecourir en telles extremitez, ſurmõta toutes ces difficultez, nous faiſant propoſer la gloire de Dieu qui le requeroit ainſi, à tout noſtre intereſt particulier & dãger. Nous eſcriuimes donc à Meaco au P. Organtin & au Seigneur Tunocamindono, les priant de prendre en main la deffence des Chreſtiens quand on parleroit à la cour de ce faict, & reietter toute la faute ſur Foin, comme de vray il eſtoit entierement coulpable. Car ces Seigneurs eſtants Chreſtiens depuis cinquante ans, & l'ayants ſi fidelement ſerui en la guerre de Corai, il ne debuoit pas leur commander vne telle impieté, contre tout ordre & raiſon; Quoy ? Au lieu de recognoiſtre & recompenſer leurs fatigues, il les contraignoit ſans aucune occaſion à laiſſer leurs propres maiſons.

Nous priſmes donc reſolution de les loger en certain lieu aſſez commode, où jadis auoit eſté noſtre College, enuiron vn quart de lieuë pres de Nangaſaqui, hors la iuriſdiction de Tarazauandono, & en celle d'Omura. Mais le logis eſtant trop petit pour tant de gẽs, nous fuſmes cõtraints nous ſeruir de quelques loges abandonnées par les Portugais , & en dresser de nouuelles pour le simple peuple, si bien que finalement tous furent logez & contens.

Au mesme temps Omurandono retournant de Meaco, fut informé de tout ce qui se passoit , sçeut comme vn Tono son subject , en la terre duquel estioent les susdictes habitatiõs , faisoit difficulté d'y laisser viure ces Seigneurs , luy commanda de les y laisser , voire de les fauoriser en tout ce qu'il pourroit, & luy mesme les enuoya souuent visiter fort charitablement. Il y a desia trois mois qu'ils demeurent là , n'ayants viures ny autres choses necessaires, que par le moyen de nostre Compagnie. Mais nous tenons pour tres-biẽ employé tout ce que nous leur fournissons , parce qu'entre l'extreme necessité qui les presse , & la charité qui nous y oblige, tous les Chrestiens en ont receu vne tres-grande edification, voyant que pour secourir ceux qui abandonnent leurs païs pour la confession de la foy Catholique , nous n'espargnons noz moyens & ne redoubtons aucuns dangers. Tellement que ce faict a grandemẽt encouragé les Chrestiens , &

pour l'aduenir seruira comme de bride aux Payens, affin qu'ils n'entreprennent de forcer les Chrestiens à quitter la foy de IESVS-CRIST, l'infinie bonté duquel s'est daignée nous secourir en toutes ces necessitez. Car Foin estant de retour à Firande, & se trouuant descheu & debouté de ses esperances par la constance des Chrestiens, fut bien marry de ce qu'il auoit commandé, & ne voulut plus permettre qu'on molestast les Chrestiens en ses terres, combien qu'il ne laissa pourtant de faire quelques autres folies, commandant qu'on mit le feu à quelques maisons de ceux qui s'estoyent absentez, & monstrant estre bien ayse qu'ils eussent vuidé le païs. Maintenant nous n'auons pas faute de personnes qui les vueillent retirer prez d'eux. Car le Sieur Augustin m'a faict entendre qu'à son retour de Meaco; il les retirera tous en ses terres, & leur donnera autant ou plus de rentes qu'ils n'auoient à Firande. D'où sont encore depuis arriuées plus de trente familles subiectes aux mesmes Seigneurs. Toutes les diligences que Foin a faict pour retenir les autres, & la rigueur dont il a vsé enuers ceux qui s'en vouloient fuir en faisant iusticier quelques vns pour intimider les autres, n'eut pas esté bastãte pour les arrester, si nous ne leur eussions enuoyé dire qu'ils ne partissent pas de leurs maisons, puis qu'ils n'estoient plus recherchez ny molestez pour la foy. Nous recognoissons vne particuliere prouidence de Dieu, en ce qu'il luy a pleu ne permettre que tel accident suruint du viuant de Taicosama. Car si Foin eut pour lors esmeu ceste tempeste cõtre les Chrestiens, nous n'eussions eu moyen de les secourir comme nous auons faict, & ils n'eussent trouué autre refuge.

Tandis que les choses passoient en Firande à la façon que nous auons dict, il pleut à Dieu nostre Seigneur nous consoler d'vn autre costé. Car comme nous estions à Amacusa, bien aduertis du train que prenoient les affaires du Iappon & voyant qu'on pouuoit auec plus de liberté, exercer les fonctions ordinaires de nostre compagnie, nous designasmes quelques missions en diuers lieux, lesquelles sa Majesté diuine seconda tellemẽt de ses faueurs, que plusieurs Payens receurent le sainct Baptesme, particulierement és terres de Fingo, qui ſont de la iuriſdiction du Sieur Auguſtin, où le fruict a eſté tres-remarquable. Le P. Iean Baptiſte demeurant à Ojan, & communiquant auec les habitans de ces quartiers là, gaigna tellement le cœur des principaux, que pluſieurs demandans le bapteſme, il fut neceſſaire luy enuoyer quelques autres des noſtres pour le ſecourir. Ce qu'ils firent ſi bien qu'en moins de ſix mois, plus de trente mille Payens receurent le ſainct Bapteſme. Ils pourſuyuent encore auec telle ferueur, qu'il ſemble que dans peu de iours, il ne reſtera plus aucun infidelle en ce pais là.

A ceſte bonne œuure nous a beaucoup aydé le Seigneur Iacques Sacuiman, vn des principaux vaſſaux d'Auguſtin, fort riche, & qui gouuerne tout ce quartier là. Ceſtuy-cy retournant de la guerre de Corai, s'en vint droict à Nangaſaqui, auant qu'aller en ſa maiſon, viſita Monſieur l'Eueſque, ſe confeſſa, & receut le tres-ſainct Sacrement de l'Euchariſtie, pour remercier (diſoit-il) la diuine bonté des biens qu'il luy auoit pleu faire au Sieur Auguſtin, à luy meſme

& à ſes trouppes, les deliurant pluſieurs fois miraculeuſement de treſ-grãds dangers. Ayant accomply ſa deuotion, il demanda fort inſtamment à Monſieur l'Eueſque le Sacrement de Confirmation, qui luy fut adminiſtré fort ſolennellement. Il le receut auſſi auec vne telle humilité & deuotion, qu'on apperceut clairement l'effect que ceſte nouuelle grace produiſit en ſon ame. Car tout embraſé du feu diuin, retournant en ſa forteresſe de Giateuſchiro, & deſirant voir és autres, ce qu'il ſentoit en ſoy-meſme, il ſe print à traicter auec les principaux habitans, des choſes de leur ſalut, & ſecondé par le ſuſdit P. Iean Baptiſte, fit tel fruict, que les ayant premierement induits à ouyr le Catechiſme, les conduiſit depuis au ſainct Bapteſme. Ce feu diuin ſ'attachant petit à petit aux lieux voiſins, il trauailla tellement en toute ceſte contrée là, que quaſi vingt & cinq mille perſonnes receurent le Sainct Bapteſme. De là la flamme ſauta iuſques en Vto, principale forteresſe du ſieur Auguſtin, diſtante huict lieuës de Giateuſchiro, où furent en peu de iours conuerties quatre mille perſonnes, & peu apres deux mille. Nous auons nouuelles que les quinze principaux Chefs d'Vto, veulent ouyr le Catechisme. Si ceux-cy se conuertissent, la plus grand part du pays les suiura.

Nous enuoyasmes aussi vn autre de nos Peres, à vne autre forteresse du mesme Sieur Augustin, nommée Giamba, size vers le Royaume de Bungo, dix lieuës plus auant que Vto, où il a depuis baptizé plus de deux mille cinq cens personnes. Bref la ferueur a esté telle en tous ces quartiers là, que quatre de ceux qui trauaillerent à catechizer & baptizer, tomberent malades de pure lassitude, & fut necessaire donner quelque peu de repos aux autres, afin qu'ils eussent moyen de continuer l'œuure si bien encommencée.

Le Sieur Augustin se resiouit fort, ayant apprins à Meaco ce qui se passoit en ses terres pour l'accroissement de la Saincte Foy. Il m'a depuis escrit souuent que soudain qu'il seroit de retour, il assigneroit reuenu suffisant pour entretenir ceux de nostre Compagnie, qui seroyent enuoyez pour reſider à Fingo. Nous l'attendons d'heure en heure, eſtans aduertis qu'il eſt deſia party de Meaco.

Arimandono perdit l'année paſſée ſa femme Dame Lucie, au grand regret de tous les Chreſtiens qui viuent en ſes terres. Se trouuant donc au meſme temps à Meaco, il ſe reſolut d'eſpouſer vne grand' Dame, fille d'vn Cungo, qui eſt vne grande dignité parmy les Iapponnois. Car quoy qu'elle fut Payenne, il eſperoit en Dieu la faire baptizer à Arima. Il donna auſſi pour eſpouſe à ſon aiſné, qui n'a que quatorze ans, vne niepce du Sieur Auguſtin, fille du Seigneur Benoiſt, frere d'Auguſtin & gouuerneur de Sacai, laquelle le meſme Auguſtin adopta pour ſa fille, afin que plus ayſement elle fut mariée au fils aiſné d'Arimandono.

Depuis que les affaires du Iappon furent pacifiez en la façon que nous auõs dit, le premier des Seigneurs Chreſtiens qui ſe retira de Meaco, fut Omurãdono, lequel arriué à Omura m'inuita ſoudain & ſollicita fort d'aller conſoler les Chreſtiens de ſes terres, puis que ie ne l'auois fait depuis ce mien retour au Iappon. I'y allay donc, & fus visité d'vne si grande multitude de gens qui accouroyent de toutes parts pour me congratuler, qu'en huict iours que i'y demeuray, ie n'euz moyen de parler particulierement aux Nostres. Ie me trouuay si las & rompu de ces visites, que ie m'en retournay en diligence vers Nangasaqui apres auoir traicté auec le Tono des moyens d'ayder ceste Chrestienté tant souffreteuse de la parolle de Dieu, & autres secours spirituels à cause tant de la ruine des Eglises, aduenue ces années passées, comme de la guerre de Corai, & persecutions qu'ils ont souffert. Nous arrestames qu'on commenceroit à rebastir les Eglises, & enseigner publiquement la doctrine Chrestienne par tout, que chacun iroit la teste leuée à la Messe & au Sermon, bref que les Nostres continueroyent l'exercice de nos ministeres comme ils faisoyent auparauant ces troubles. Resolution qui consola grandement tous les Chrestiens de ce quartier là.

Peu de iours apres vint aussi Arimandono: la furie des premieres visites passée ie fus le voir, & durant huict iours qu'il me retint, catechizay sa nouuelle espouse, auec quelques autres Dames Payennes qu'elle auoit mené, toutes lesquelles se rendant à la verité Euangelique, prindrent resolution de receuoir le Sainct Baptesme. Ie les baptizay donc auec grãde solennité, & apres la Messe Arimandono s'estant confessé, les espousay tous deux au grand contentement de toute l'assemblée. Nous arrestames aussi là qu'on commenceroit à rebastir les Eglises. Le Tono print charge de faire remettre celle d'Arima. Quant à l'aide spirituelle des Chrestiens, i'ordonnay le mesme qu'à Omura. Le Tono fit aussi quelques statuts fort vtiles pour le bien de ses vassaux. Tellement que ceste Chrestienté là semble comme renouuellée. On commence à voir en diuers lieux les Eglises qu'on releue. Il est bien vray qu'on se prend aux plus necessaires, & desquelles on ne se peut passer, d'autant que la guerre de Corai qui a duré sept ans, a fort vuidé les bourses de ces Seigneurs, & la pluspart de leurs vassaux ont esté reduits à telle extremité, que plusieurs sont morts ceste annéc de pure diſette. C'eſt pourquoy ils ne peuuent beaucoup contribuer,& ſont contraints de reedifier les principales & plus neceſſaires au mieux que leurs moyens permettent.

Nous auons faict vne autre miſſion d'vn Pere & d'vn Frere Iapponois, vers Facata & lieux circonuoiſins, où ils ont en deux mois conuerty quinze cens perſonnes.

Bref noſtre Seigneur s'eſt daigné nous ouurir beaucoup de chemins pour la cõuerſion des infidelles, par le moyen de quelques viſites faictes à diuers Seigneurs Iapponnois, à l'occaſion de leur retour, premierement du Corai, & puis de Meaco. Le premier a eſté le Roy de Saxuma: puis Nabeſchima Seigneur d'vne partie du Royaume de Figen: Cainocami, Seigneur de la pluſpart du Royaume de Bugon : Toſchirondono qu'on appelle maintenant Findenari, Seigneur de la quatrieſme partie du Royaume de Chicungo: Itodono oncle de noſtre frere Mancio Ito, & Seigneur de la troiſieſme partie du Royaume de Fiunga : Iſafaidono, & autres Seigneurs auſquels Taicoſama departit le Royaume de Bungo. Tous les ſuſdits ſont Seigneurs de ces neuf Royaumes de Schimo, & ont fort aggreé nos viſites, monſtrant tous grand deſir de voir les noſtres chacun en ſon Royaume. Ce qu'ils n'ont encore peu accomplir à raiſon des occupations qu'ils ont pour dreſſer certaines forteresſes, & s'equipper pour les accidents qui peuuent ſuruenir; ſauf Iſafaidono qui a ſes terres entre Omura & Arima, & ſi eſt auſſi puiſſant que pas vn de ſes voiſins. Ceſtuy-cy nous a ia deſigné lieu en ſes terres, & baſty vne maiſon aſſez cõmode. Il ſe ſeroit ja fait baptizer auec vn ſien fils qui luy doit ſucceder au Royaume, ſans quelque empeſchement que le diable luy a donné par le moyen d'vn autre Seigneur payen ſon allié. Mais il nous a baillé ſa parolle & iuré qu'il ne manqueroit de le faire en ſon temps. Depuis quelques années nous auons fait plus de ſix mille Chreſtiens en ſon Royaume. Il vſe de grande courtoiſie & charité enuers les Noſtres qui les inſtruiſent, ou qui faiſant chemin, paſſent par là.

Toſchirondono mary de Madame Maxence fille de feu François de bonne rememoire Roy de Bugo, depuis ſon retour de Meaco, s'eſt tellement changé à la ſollicitation d'vn de nos peres qui le fut viſiter, qu'il a eſmeu treſ-grande deuotion parmy ſes vaſſaux, pluſieurs deſquels ſe ſont conuertis, tellement qu'il y a maintenant enuiron quatre mille Chreſtiens. C'eſt pourquoy nous auons ia deſigné deux peres & deux freres pour ce quartier là, & pour les terres de Cainocami, oú ſont plus de deux mille Chreſtiens. Le meſme Cainocami fut baptizé fort ieune à l'inſtãce de ſon pere Quambiiodono, auec Toſchirondono, vn peu auant que Taicoſama commença la perſecution contre nous, depuis il a touſiours eſté à la guerre de Corai. C'eſt pourquoy vn des Noſtres l'ayant dernierement viſité, il demanda d'eſtre catechizé de nouueau. On luy reitera le Catechiſme, auquel aſſiſterent pluſieurs autres payens ſes courtiſans & quelques Bonzes pour diſputer & propoſer leurs difficultez au Catechiſte, qui leur reſpondit de poinct en poinct, & les contenta fort, à la grande conſolation de Cainocami.

Les ſuſdits Seigneurs de Bungo quoy que

que payens, nous ont octroyé de demeurer auec toute asseurance en leurs terres, & toute ceste année ont fait beaucoup de caresses au Pere qui a demeuré parmy les Chrestiens qui restent de la dispersion de Bungo, & mõtent quasi au nombre de douze mille. Ils ont aussi permis aux vieux Chrestiens de viure selon la loy Euangelique, & aux payens de se faire baptizer s'ils veulent. Le principal de ces Seigneurs a promis d'ouyr le Catechisme, & receuoir le Baptesme, soudain qu'il aura mis fin à quelque forteresse qu'il fait bastir.

Nous auons dresse vne nouuelle residence en la Cité d'Amangucchi lieu de grande importance, tant parce que c'est és terres de Morindono, Seigneur de neuf Royaumes, & le plus puissant du Iappon apres Gieiaso, comme parce qu'vn nepueu & fils adoptif dudict Morindono, s'y est depuis peu de iours retiré auec toute sa Cour, & a faict beaucoup de caresses au Pere qui reside là. Nous y auons desia vne Eglise, vne maison, & cinq cens Chrestiens, lesquels dés le temps du Benoist Pere François Xauier, se sont conseruez en leur integrite, parmy tant de tribulatiõs comme nous en auons souffert ces années passées. Ce qui nous faict esperer qu'on tirera vn fort grand profit de ceste residence.

Le mesme Morindono nous a donné place pour deux des Nostres en vne autre sienne terre appellée Schimonasche-qui, proche de la mer, sur le chemin qu'on va de Schimo à Meaco, & promis qu'il nous en donnera encore autãt pres d'vne autre sienne forteresse où il demeure. Vn Payen son intime amy, a prins charge de conduire tout cest affaire à bonne fin.

Au Royaume de Figen, qui est plus proche de Meaco, & appartient à vn Seigneur qui en a trois, se fõt tous les iours plusieurs Chrestiens, la pluspart nobles, & proches parens du mesme Seigneur.

Vn de nos Peres ayant esté enuoyé au Royaume de Mïno, a tellement esmeu les Chrestiens de ce quartier là, qu'ils ont (sous la faueur de leur Seigneur, qui est vn nepueu de feu Nabunanga baptizé depuis quelques années) basti vne belle & bien capable Eglise, & despendu quatre cens escus en l'Edifice d'icelle. Somme qui n'est pas petite au Iappon, où tous edifices ſe font de bois, & plusieurs ouuriers trauaillent ſans aucun ſalaire, pour ſ'acquitter des obligations qu'ils ont à leur Seigneur. Nous en faiſons grand cas, parce qu'elle eſt en la terre d'vn ſi puiſſant Seigneur, & ſeulement à vingt lieuës de Meaco.

Finalement pluſieurs ſe font maintenant Chreſtiens à Meaco meſme. Tellement que nous eſperons auec l'ayde de Dieu voir vne treſ-notable conuerſion, ſoudain que ſera finie l'occupation en laquelle ſont à preſent plongez quaſi tous les Nobles du Iappon, qui eſt de baſtir en diligence de nouuelles forteresſes, raſant la pluſpart des anciennes, parce qu'ils ont apprins du temps de Taicoſama, vne nouuelle façon de combattre, pour à laquelle reſiſter, il faut auoir de nouuelles forteresſes.

De ce que nous auons iuſques icy dit, voſtre Paternité peut entendre combien nous viuõs maintenãt cõtents au Iappõ, voyant les fatigues & trauaux que nous auons ſouffert durant tant d'années de perſecution, eſtre recompenſez par ce grãd pere de famille, d'vn ſi riche loyer, & fruict ſi abondant, que les payens mesmes s'estõnent de voir qu'vne si sanglante guerre, ayãt esté meuë par vn Seigneur vniuersel du Iappon, & duré plusieurs années, la foy de Iesus-Christ non seulement n'a point manqué, ains s'est tellement dilatée & rẽforcée, que iamais elle ne fut pardeça en meilleur estat. Mais de peur que l'allegresse procedante de tant & si heureux succez, ne nous portast hors des bornes de la modestie, il a pleu à nostre bon Dieu, emousser la pointe de ces contentemens, par vne forte mortification que ie m'en vay vous coucher par escrit.

Le Pere Giles de la Mate ayãt derechef esté esleu en la Congregation Prouinciale pour retourner Procureur à Rome, s'embarqua dans vne certaine sorte de vaisseau qu'on appelle Ionc, & partant d'icy print la route de Meaco en Feurier dernier. Il deuoit suiuant le train ordinaire, arriuer à Meaco dans quinze ou vingt iours, si est-ce qu'on nous a escrit qu'il n'auoit encore pareu au mois de Iuillet, ny nouuelles de son voyage. Ceux de Ma cao ne voyãt arriuer ce Ionc, s'imaginerent que les Portugais n'ayant peu debiter leurs denrées à cause des reuolutions ſuruenues au Iappon par la mort de Taicoſama, ſ'y ſeroient arreſtez pour hyuerner iuſques à tant qu'ils euſſent tout vendu. Sur ceſte imagination ils reſolurent de ne venir pour ceſte année au Iappon, craignant perdre beaucoup ſur la valeur de leurs eſtoffes, ſi vne autre Nauire y arriuoit tandis que le Iõc y eſtoit encore. Mais ils ſe tromperent à leur grand dommage, & incommodité noſtre. Car le Ionc eſtoit party d'icy, & ſi la Nauire fut venuë de Macao, elle eut en partie reparé le dõmage encouru par la perte du Ionc, qui portoit en or monnoyé quatre cens mille eſcus, plus de ſoixante & dix marchands Portugais, outre les autres paſſagers. Nous y auons beaucoup perdu tant en la perſonne du P. Giles, comme au ſecours que nous eſperions receuoir de voſtre part à ſa ſolicitation. Ceſt accident nous a pareillement priué de l'ayde de dix Peres que i'auois ordonné qu'on fit venir de Macao, où s'aſſemblent les Noſtres qui doiuent paſſer au Iappon. Nous en auions grand beſoing ceſte année, à raiſon des Egliſes qu'on rebastit, maiſons qu'on nous dõne & miſſions qui ſe preſentent pour preſcher la foy aux Payens. Mais comme ces coups de verges viennent de la main du Pere de toute misericorde & cōsolation, nous ne laissons de nous esiouir, nous conformant à sa tressaincte volonté, & nous fiant que sa diuine bonté ne manquera de nous pouruoir par autre voye, selō qu'il cognoist nous estre necessaire.

Monsieur l'Euesque a demeuré iusques à present chez nous, & semble estre disposé à y demeurer encore pour quelque temps, parce que la façon de gouuerner establie par Taicosama, demeurāt en son entier, il ne peut faire autrement. Et puis n'y ayāt au Iappō d'autres clercs que nous, & n'en y pouuant encores auoir si tost, il est contrainct de se tenir auec nous. Ses vertus & les belles parties que Dieu luy a octroyées seruēt à tous les Nostres de grande cōsolation, & tresbon exemple. Il est fort aymé & respecté par les Seigneurs Chrestiens, & tous les autres qui sont fort edifiez & contents de sa maniere de proceder. Il ne laisse pourtant de vacquer au deu de sa charge autant que le temps luy permet, comme nous auons autresfois escrit.

Cōme i'escriuois la presente, le Sieur

Augustin arriua à Nangasaqui, où n'ayãt rencontré Monsieur l'Euesque, il visita le P. Prouincial qui estoit là pour lors, puis nous vint trouuer à Schiqui, où Monsieur l'Euesque le retint deux iours, non sans grande consolation tant sienne que nostre, parce que nous eusmes commodité de traicter plusieurs choses concernantes le bien des Chrestiens. Il partit d'icy en diligence pour aller faire bastir quelques forteresses en diuers lieux de ses terres, & dist que dans vingt iours il seroit de retour à Schiqui pour receuoir la Confirmation, ne le pouuant lors faire pour la haste qu'il auoit. Nostre bõ Dieu le conserue, & tous les Seigneurs Chrestiens chacun en son estat.

Quant au General du Iappon quoy que les affaires ne soyent entieremẽt appaisez, si est ce que les plus clairs-voyans tiennent pour tout asseuré, que de long temps il n'y aura de changement, parce que tous les Seigneurs du Iappon se recognoissent fort obligez à Taicosama, & resolus de maintenir le Prince qui n'a maintenaut que sept ans, obeiront sans contrediction à Gieiaso, pourueu qu'il gouuerne selon les loix establies par Taicosama. Mais s'il entreprend d'vsurper l'Empire, tous se banderont contre luy, & y aura de grandes guerres. Mais comme Gieiaso est hõme fort prudent, meur & aagé de soixãte ans, il ne se voudra pas mettre en danger de perdre ce qu'il possede maintenant en paix, auec tiltre de fidelle subiect de Taicosama, pour courir apres vne chose incertaine & fort difficile à obtenir.

Ie ne veux obmettre qu'entre autres ordõnances faites par Taicosama (comme nous escriuimes l'année passée) fut celle par laquelle il voulut estre faict Came apres sa mort, & appellé Schinfachiman, c'est à dire nouueau Faschiman, qui est le Mars, ou Dieu de la guerre des Iapponnois: commandant qu'on luy bastit vn magnifique temple, (le dessein & pourtraict duquel il laissa) où son corps fut enseuely, & sa statuë posée pour estre de tous adorée. Comme donc tous les susdits tumultes furent appaisez, les Regents firent bastir le temple à la mesme façon que Taicosama auoit ordonné, qui est (comme on dict) le plus excellent qui soit au Iappon; celebrerent auec grande solennité, la diabolique canonization de leur deffunct Prince, l'appellant le premier Came de tous les Cames, transporterent la puante voirie de sa charoigne au nouueau temple, où ils dresserent encore la semblance du corps de celuy, duquel l'ame infortunee auoit esté pieça logee en vn quartier bien plus conuenable à ses demerites, où elle sera pour iamais horriblement tourmentee par les diables & bruslera sans fin aux flammes eternelles. Chose que ce malheureux ne voulut iamais croire durant sa vie, tenãt pour certain qu'il n'en y auoit d'autre que la presente. Mais il le sçait maintenant à son dam, & sent les peines de son execrable impieté.

Cest infame spectacle a seruy d'vn beau & bien efficace sermon contre les Cames du Iappon, & d'vne solide & tresclaire confirmation de la verité que nous preschõs. Car ceux qui ont tant soit peu de cerueau voyant que Taicosama fut vn homme de mauuaise vie, comme chacun sçait, auare, lubrique, orgueilleux, qu'il n'eut moyen de conduire à bonne fin plusieurs siennes entreprises, ny mesme s'affranchir de la mort, & considerant comme ces abusez l'ont faict Came, &

l'honnorent pour Dieu, cõcluent, & fort bien, que les autres Cames que les fols adorent, ont esté tous tels. De faict, le iour de la feste chacun disoit: Voyla ce que les Peres de la Compagnie de Iesus nous ont si souuent inculqué parlant contre nos Cames. Ils disoient bien que ç'auoiẽt esté des hommes comme nous. Tels & semblables traicts prononcez sur ce subiect, confirmoyent de plus en plus les Chrestiens en la foy, & faisoient rougir de honte les Payens pour la superstitieuse deuotion qu'ils portent à leurs Cames.

Au mesme temps pour plus grande confusion de toute l'idolatrie du Iappon & du nouueau temple, il pleut à Dieu nous donner le moyen d'arborer vn bien plus royal estendart és parties de Fingo, appartenantes au Sieur Augustin Tzumocamindono. Car à Giateuschiro où nous auons dict cy dessus, que plusieurs auoient receu le Baptesme, vne croix plã-tee dans vn cemetiere de Chrestiens, & deuant laquelle plusieurs alloyent faire leurs prieres, parut fort reluissante à vn ieune enfant Chrestien, qui prioit Dieu auec plusieurs compagnons. Comme il leur eut dict ce qu'il voioit, ils commencerēt aussi à descouurir diuerses apparitions aux enuirons de ceste croix, si bien que le bruit en fut espars soudain à Giateuschiro, & par les lieux voisins. Il y accourut dés les quartiers d'Arima grād nombre de gens de toutes qualitez, nobles & roturiers. Les vns voioient diuerses croix, les autres n'en voioient qu'vne, mais fort reluisante, quelques vns ne voioient du tout rien. Plusieurs au premier abbord ne voyoient autre chose, que la seule croix, mais apres auoir vn peu prié Dieu, ils voioiēt plusieurs croix cōme les autres. Ces apparitions arriuoyent tant de iour que de nuict, tantost d'vn, tantost d'autre costé de ceste croix, & de la mesme grandeur, quelquesfois aussi plus grandes. Quant à l'occasion de ces apparitions, Dieu seul la sçait, mais les effects ont esté clairs & tres-bons. Car plusieurs sont rentrez en eux mesmes, ont recogneu leurs offences, les ont amerement plorees, s'en sont confessez, auec ferme propos d'amāder leurs vies. Quelques vns ont esté grādement confirmez en la foy Euangelique, & meus à benistre & louer Dieu pour les auoir rendus dignes de voir ces merueilles. Bon nombre de Payens se resolurent d'embrasser la foy Catholique, bruslant du desir d'estre baptisez.

Monsieur l'Euesque ayant esté deuëment informé de tout ce que dessus, par plusieurs personnes graues & tres-dignes de foy, en voulut sçauoir les aduis de nos Peres, & apres les auoir ouys, resolut de n'y faire autre chose. Car n'y estant arriué autres miracles que ces apparitiõs de croix, il trouua bon de laisser le peuple continuer en la deuotion & respect que tous portent à ceste croix, iusques à tant que le temps descouure ce qu'on y pourra de plus faire. Tandis il a ordonné que ceste croix (qui estoit assez petite, & s'alloit tous les iours diminuant, parce que chacun en leuoit quelque piece cõme pour reliques) fut enchassee dans vne plus grande, & remise au mesme lieu où elle estoit, auec tout hõneur & reuerence, soubs vn toict porté par quatre pilliers, sans murailles és enuirons, afin que le peuple peut continuer en sa deuotion.

Voila ce que i'auois a escrire pour maintenant à vostre Paternité, la suppliant nous ayder & faire secourir par nos Peres & freres en leurs Saincts ſacrifices & prieres, à recueillir la belle & grande moiſſon que noſtre Seigneur nous appreſte de iour en iour, à ce qu'elle ne ſe perde par noſtre faute. Du Iappon le dixieſme d'Octobre 1599.

De voſtre Paternité

Fils inutile en noſtre Seigneur,
ALEXANDRE VALIGNAN.

AV LECTEVR.

IAçoit que la lettre annuelle de l'an mil ſix cens, qui deuoit ſuiure la precedente de l'an mil cinq cens quatre vingts dix & neuf, ne ſoit encores arriuee; il m'a neantmoins ſemblé bon de vous communiquer ce ſupplement qui en faict pluſieurs fois mention, pour ſatisfaire au deſir de ceux qui reçoiuent quelque conſolation & profit ſpirituel de ſemblables diſcours. Vſez en s'il vous plaiſt pour voſtre ſalut, & priez pour le noſtre.

SVPPLEMENT DE LA LETTRE DE L'AN MIL SIX CENS.

Contenant le discours de ce qui s'est passé en la Chrestienté du Iappon, depuis le mois d'Octobre dudict an, iusques en Feurier de l'an mil six cens vn.

Escrit au Reuerend Pere CLAVDE AQVAVIVA General de la Compagnie de IESVS.

Par le Pere VALENTIN CARAVAILLE *de la mesme Compagnie.*

Et nouuellement tourné d'Italien en François,

Par le Pere FRANÇOIS SOLIER *religieux de la mesme Compagnie.*

MON REVEREND PERE en nostre Seigneur.

La paix de JESUS-CHRIST, *&c.*

LEs exemples du changement & instabilité qui regne sur les grandeurs & puissances de ce bas monde, ne sont que trop frequens & comme iournaliers en toutes les cõtrees de la terre; si n'y a-il quartier de l'vniuers qui en puisse tant ny si souuent fournir comme le Iappon, particulieremẽt depuis la derniere qui vous fut escrite en Octobre mil six cens, iusques à ce present mois de Feurier six cens vn. Car il y est arriué de si estranges cas, de telles & si soudaines mutations de Royaumes, de tant horribles ruines & morts de notables Seigneurs, q̃ nous mesmes qui sommes tous accoustumez & rompus à semblables reuolutiõs, n'en pouuons parler sans estonnement. Les Seigneurs qui gouuernoyẽt au prealable tout le Iappon, & qui pour la ligue qu'ils auoient dressee contre Daifusama (ainsi s'appelle maintenant Gieiaso) firent si grande feste, pensant tenir en main la victoire, & le debouter du gouuernement, en la façon qu'aurez entendu par la nostre derniere, vn peu apres la rouë de cest Empire tourne-virant, tomberẽt en vne ruine plus que suffisante à representer vne espouuantable & deplorable tragœdie, à laquelle nous auons encores eu nostre part, & couru auec toute la Chrestienté de ces quartiers. La plus perilleuse fortune que nous ayõs iusques à present passé au Iappon. Mais nostre bon Dieu par la particuliere prouidence & amour auec lequel il gouuerne ces siẽs seruiteurs Chrestiens, les a tellemẽt deffendus durãt tout ce temps, que permettãt aux vents, orages & tentatiõs de tormenter la nacelle de ceste sienne nouuelle Eglise, il l'a neantmoins conseruee parmy tous ces flots & tempestes, de sorte que les vents cessants, & la bonasse reuenant, elle est demeuree nõ seulement saine & sauue, ains en tel lieu & disposition que bien tost, Dieu aydant, nous la verrõs en beaucoup meilleur estat qu'elle n'estoit auparauant. Nous remarquõs desia quelque principe d'ameliorement, auec esperance de reparer en brief, non sans aduantage, les pertes que nous auõs souffert durant ceste borasque, à la gloire de IESVS-CHRIST nostre Seigneur, & profit de tous les Chrestiens de pardeça. Affin que vostre Paternité puisse plus aysement comprendre le tout, ie vous racompteray premierement le succez de la guerre commẽcée entre les Seigneurs Iapponnois quand la derniere vous fut escripte: puis ie viendray aux autres particularitez.

Tout le Iappon estant en armes, & diuisé en deux factions, l'vne des Regẽts suyuis d'vn bon nombre de grands Seigneurs, l'autre de Daifusama qui estoit en ses Royaumes de Quanto, faisant la guerre à Cãguetaso l'vn des Regẽts, l'armée de ceux-cy desirant se saisir de tous les passages, affin que l'ennemy ne peust retourner à Meaco auec son armée, assembla la plus grãd' part de ses trouppes és Royaumes d'Ischi & de Mino, limitrophes de celuy de Voari, auec intention de se rendre maistre de la forteresse de Voari, vne des meilleures qui soiẽt au

Iappon, Mais parce que quelques Seigneurs & des principaux qui estoient allez contre Canguetaſo, s'offrirent pour aller tous les premiers vers Voari, pourueu que Daifuſama leur donnaſt quelques vns de ſes capitaines, & partie de leurs trouppes, affin que ſe iettant tous dans la fortereſſe de Voari, ils euſſent moyen de repouſſer l'ennemy, l'empeſcher de paſſer plus auant, & par conſequent tenir le chemin de Meaco libre: Daifuſama leur accorda ſoudain tout ce qu'ils voulurent, ſi bien qu'en peu de temps s'aſſemblerent à Voari enuiron trente mille combattans. A grand peine y eſtoient ils arriuez, auec l'extreme diligence de laquelle ils vſerẽt durãt toute ceſte guerre (n'eſtant gouuernez que par vn ſeul, au cõtraire de l'armée ennemie, laquelle eſtoit fort peſante en ſes deliberations, pour eſtre regie par diuers chefs) qu'ils ſe reſolurent d'aſſaillir à l'impourueu la fortereſſe de Guifu, ſize non loing delà, au Royaume de Mino, qui appartient à Chiunangodono nepueu de Nobunanga, ieune Seigneur aagé de vingt & deux ans, & Chreſtien, duquel nous eſcriuimes dernierement. Il eſtoit bien loing,le bõ Seigneur, il estoit bien loing pour lors de penser que ceux de Voari luy deussent courir sus, tant parce qu'il n'y sçauoit pas vn tel nombre de soldats, comme parce qu'vne partie de l'armée des Regens estoit au Royaume d'Ischi, qui est là pres, & auoit jà prins trois fortes places sur Daifusama. Et puis Gibunoschio estoit au mesme Royaume de Mino, auec six ou sept mille soldats, en attendant d'heure en heure dauantage pour entrer en Voari, du costé qu'il borne les Royaumes d'Ischi & de Mino. Mais tandis que les partisans des Regẽs alloient dilayãt en la façon susdicte, ceux de Voari estant à l'improuiste entrez au Royaume de Mino, prindrent la routte vers le chasteau de Cuifu, & arriuez qu'ils furent en lieu d'où ils le pouuoient descouurir, rengerent iusques à vingt mille combattants, en embuscade dans vn lõg vallon, puis enuoierent de cinq à six cens bons soldats pour recognoistre la place de plus pres. Chiunangodono pensant qu'il n'y eut autres gens que ceux qui paroissoient, sortit du fort, & leur courut sus si roide qu'ils firent des estonnez, & cõmencerent à reculer peu à peu iusques à ce qu'ils eurẽt attiré ces trouppes quaſi au milieu de l'ambuſcade, laquelle ſe leuant ſoudain les contraignit de ſe retirer plus viſte que le pas dans leur fort. La meſlée fut ſi rude & violente que les ſoldats de l'vn & l'autre party entrerẽt dãs ce chaſteau, les vns fuyant, les autres ſuyuant, tuant & maſſacrant tout ce qu'ils rencontroient de telle furie qu'à grand' peine Chiunangodono meſme ſe peut retirer dans vne tour du fort, où ſoudain il fut aſſiegé, & forcé de ſe rendre à mercy, retenu priſonnier, & enuoyé à Voari. Ceſte place ainſi prinſe & garnie du nõbre de gens neceſſaire pour la deffendre. l'armée marcha vers l'autre fortereſſe où eſtoit Gibunoſchio, en chemin elle rencontra deux mille ennemis, qui furent ſoudain taillez en pieces ; & vn peu plus auant mille, qui n'eurent pas meilleur marché du rencontre.

Au meſme tẽps eſtoient arriuez audict chaſteau de Gibunoſchio, le Roy de Saxuma, & Auguſtin Tzunocomindono auec quelques trouppes. Ceux cy aduertis de la venuë de leur ennemy, s'aſſemblẽt en diligence, & s'en vont deux lieuës audeuant pour luy empeſcher le paſſage d'vne riuiere. Comme ils furent pres du bord, l'ennemy recognoissant au drappeaux de qui estoient les bandes, & ne doubtant point que Cappitaines si braues ne fussent, prests à se bien deffendre si on les assailloit, & d'ailleurs estimant qu'vn si petit nombre ne se monstreroit pas tant resolu, sans esperance de quelque bon secours prochain, n'eut le courage de passer outre, ains se campa sur le bord de la riuiere.

Tandis Cainocamo partisan de Daifusama, despescha vn vaisseau auec certains aduis de tout ce qui s'estoit passé, vers Quambioiendono son pere, & Seigneur Chrestiẽ, qui estoit pour lors au Royaume de Bugen auec plus de huict mille bons hommes pour Daifusama. Ce bon Seigneur ayãt receu les nouuelles de son fils, se disposa par vne confession generale de toute sa vie, & quand & quãd s'achemina vers le Royaume de Bungo qui tenoit contre Daifusama. Les Regents auoiẽt au mesme temps enuoyé au mesme Royaume de Bungo l'ancien Roy (fils du feu Roy François, qui iusques lors auoit demeuré comme confiné à Meaco par le commandement de Taicosama) affin que comme naturel Prince dudict lieu, il le deffendit contre Quambioiendono son voisin & aduersaire. Côme donc ledict Roy fut arriué à Bungo auec quatre mille soldats, & quasi au mesme temps Quambioiendono auec plus de huict mille, ils vindrent soudain aux mains: le Roy perdit quasi toutes ses trouppes, fut prins & enuoyé prisonnier à Bugen par Quambioiendono, lequel poursuyuant la pointe de sa victoire, se rendit dans peu de iours maistre de quasi tout le Royaume de Bungo.

Tandis que Quambioiendono executoit ses entreprises sur les terres de Bûgo, Cãzuiedono Seigneur de la moitié du Royaume de Fingo, anciẽ ennemy d'Augustin Tzunocamindono, & pour lors partisan de Daifusama, se ietta sur l'autre moitié du Royaume de Fingo appartenant au Sieur Augustin, mettant à feu & à sang tout ce qu'il rencontroit, & s'en alla droict poser le siege deuant la forteresse d'Vto, qui est la principale de tous les estats & Seigneuries d'Augustin.

A l'occasiõ de ces tumultes & guerres meuës esdicts Royaumes par Quambioiendono & Cãzuiedono, les Seigneurs des neuf Royaumes de Schimo ſe diuiſerent & declarerent les vns pour Daifuſama, les autres pour les Regẽts : quelques vns ſe tindrent neutres. Les Regẽts mãderent à Omurandono & Arimandono de ſe rendre à Meaco auec leurs troupes, ce qu'ils refuſerent faire, ains ſuyuãt l'exemple de Quambioiendono ſe declarerent tenir pour Daifuſama. Qui fut vn grand traict de la prouidẽce de Dieu, tant pour la conſeruation de leurs perſonnes, que pour le profit de tous les Chreſtiens qui reſident en leurs terres.

Pendãt que les affaires ſe brouilloient, de ceſte façon en Schimo, les Regents qui auoient leur armée fort eſcartée en diuerſes contrées, donnerent le general rendes-vous au Royaume de Mino, où ils aſſemblerẽt plus de quatrevingts mille combattãs, nombre plus que ſuffiſant pour tailler en pieces toutes les troupes que Daifuſama y auoit. Mais ils ſe trouuerent ſi peu vnis & tant mal accordans, qu'ils demeurerẽt trente iours pres de l'ennemy ſans donner vne eſcarmouche, quoy qu'ils fuſſent quatre vingts mille cõtre trente mille. Daifuſama bien aduerty du danger auquel eſtoient ſes troupppes, mit la meilleur ordre qu'il luy fut possible à l'armée qu'il auoit contre Cãguetaſo, laiſſant toute charge d'icelle à vn ſien fils, & s'achemina bien accompagné vers le Royaume d'Oari, contre toute eſperance de ſes ennemis qui ne ſe pouuoiẽt perſuader qu'il oſaſt retourner à Meaco auec forces baſtantes pour leur tenir teſte, tandis que Canguetaſo auoit les armes en main contre luy. Si le fit il pourtant, & le meſme iour qu'il arriua à Oari, en partit pour s'ẽ aller joindre aux trouppes qu'il auoit à Mino, où il fit monſtre de cinquante mille combattãs, & le l'endemain donna la bataille à ſes aduerſaires. Les trompettes n'eurent pas ſonné l'aſſaut, que pluſieurs qui iuſques à ce poinct auoiẽt faict ſemblant de porter les armes pour les Regents, ſe rengerent du party de Daifuſama, cõme Chiunangodono nepueu de la femme de Taicoſama qui luy auoit dõné le Royaume de Chicugen, & trois ou quatre autres Seigneurs de mediocre qualité, leſquels au lieu de combattre contre Daifuſama, Tournerent leurs armes contre les Regẽts. Ce qu'apperceuãt les autres troup-

pes

pes commencerẽt à crier Trahiſon, Trahiſon, de telle furie que tous les rengs ſe rompirent, & allerent en confuſion, ſauf les trouppes de Morindono Seigneur de neuf Royaumes, qui ſe retira ſans vouloir combattre; tellement qu'en vn tournemain l'armée des Regents fut defaicte, & Daifuſama victorieux, pluſieurs grands Seigneurs demeurerent morts ſur la place, les autres ſe fendirent eux meſme le ventre, les autres furent faicts priſonniers, cõme le miſerable Gibunoſchio, qui n'eut pas le courage (ainſi qu'il confeſſa depuis) d'eſtre bourreau de ſoy-meſme, ſe fendant le ventre à la mode du pais, & Auguſtin qui euſt bien eu le cœur de ſe deffaire de ſa main propre, mais il ne le voulut entreprendre contre la loy de Dieu, qui le deffend.

Apres ceſte desfaicte des Regents, Daifuſama pourſuyuãt ſa victoire, print le fort de Mino, & au Royaume d'Omi celuy de Sauoyama, qui appartient à Gibunoſchio, le frere duquel y cõmandoit. Mais comme il eut ouy le deſaſtre arriué à ſon frere, & ſe veid tres-eſtroitement aſſiegé, il departit aux ſoldats ſes threſors, puis maſſacra tres-felonnement la femmes & le fils de sõ frere, voire les siẽs propres, mit le feu aux quatre coings du fort, & finalement se fendit le ventre.

Daifusama passant plus outre, fit marcher son armée vers Ozaca, où estoit Morindono comme president des Regents, demeurant dans la forteresse, au mesme palais ou Daifusama souloit habiter. Cas estrange. Ce Morindono iaçoit qu'il fut Seigneur de neuf Royaumes, se trouuast dans la plus forte place de tout le Iapppon, eut les thresors de l'Empire en main, & en son pouuoir le fils de Taicosama, auec les ostages de tous les grands Seigneurs du Iappon, & de ceux mesme qui suyuoient le party de Daifusama, veid pres de soy plus de quarante mille soldats de ses subiects, auec prouisions de farines & autres munitiõs suffisantes a maintenir la guerre lõgues années; Neantmoins soudain qu'il eut receu certaines nouuelles de la susdicte desfaicte, il en demeura tellemẽt effrayé qu'il perdit tout courage de se defendre en combattant, n'eut pas mesme l'aduis de se retirer en ses terres comme il pouuoit fort commodemẽt faire, ou demander treues ou quelque accord qu'il eut obtenu à ſon aduãtage; ains cõme homme ſans ceruelle, & priué de tout iugement ſortit du fort d'Ozaca auec toutes ſes trouppes,& s'alla retirer dãs vn palais qu'il auoit là pres, ſe mettant à la diſcretion de ſon ennemy. Daiſuſama reuenãt victorieux reprint poſſeſſion de la forteresſe d'Ozaca, où tout le Iappon s'alla dans peu de iours rendre à luy. Il eſt bien vray que Cãguetaſo eſt encore en armes és derniers quartiers de Quanto, mais chacun tient qu'il ſera contrainct de ſe rendre. Le Roy de Saxuma cõtinuë auſſi en ſa rebellion, s'eſtant trouué à la deſfaicte des Regents, d'où il ſe ſauua d'vne eſtrange façon. Car voyant qu'il baſtoit mal pour ſes alliez, il print ſoixãte valeureux ſoldats, leſquels à force d'armes fẽdirent les trouppes de leurs ennemis & ſe retirerent ſains & ſauues, en deſpit de tous ceux qui les voulurent empeſcher. Il r'allia depuis enuiron cinq cens hommes auec leſquels il fut à Ozaca, auant que Daiſuſama y arriuaſt, print les batteaux neceſſaires pour conduire toute ſa ſuyte à ſauueté vers Saxuma, comme il fit courãt quaſi deux cẽs lieuës par mer. Depuis il s'eſt tellement fortifié là que

Daifusama n'en viendra pas aysement à bout. Combien qu'on sçait desia qu'il se rendra, pourueu qu'on luy face bõ party. Ainsi Daifusama demeurera le plus grãd Seigneur qui fut iamais au Iappon. Car ayãt despouillé Morindono de sept Royaumes où sont les minieres d'argent, & des neuf qu'il possedoit auparauant luy en ayant seulement laissé deux, lesquels paraduenture il luy ostera encore; & le mesme Daifusama estant paisible possesseur des huict siens de Quãto, & de tout ce qui appartenoit à Taicosama, c'est chose certaine qu'il surpasse les forces de tous les Seigneurs qui furent oncques en la Tenze, & pourra faire tout ce que bon luy semblera, sans respecter personne (ainsi que Taicosama le respectoit luy & Morindono pour estre Seigneurs de tant de Royaumes) & sans craindre que aucun Seigneur s'oppose à ses desseins.

Il me seroit malaisé de coucher par escript les pertes que les Chrestiens de ces quartiers, & ceux de nostre Compagnie souffrirent, ou les trauaux & afflictions qu'ils endurerent l'espace de deux mois cõtinus, que les affaires du Iappon furent ainſi brouillez. Car le Seigneur Auguſtin, principal pillier de la Chreſtienté en ces quartiers, s'eſtant bandé contre Daifuſama, tant pour pluſieurs bons reſpects, deſquels ie parleray cy apres, comme pour l'ancienne & entiere affection qu'il luy portoit, chaſcun craignoit que Daifuſama, n'en fut indigné contre tous les Chreſtiens, & ne renouuellaſt la perſecution plus ſanglante que iamais. Ce qui nous faiſoit encore plus craindre eſtoit de veoir que pluſieurs auoient receu le ſainct Bapteſme en diuers Royaumes des Seigneurs qui s'eſtoient oppoſez à Daifuſama, & où les noſtres reſidoient encores pour l'ayde ſpirituelle des Chreſtiens.

Nous auons donc perdu durant ces guerres premierement le Royaume de Mino, appartenant à Chiunagandono Seigneur Chreſtien, les principaux courtiſans & caualiers duquel auoient deſia receu la foy, & baſty l'an paſſé vne belle chappelle dans le fort de Guifu, eſperãts de veoir bien toſt tout le Royaume conuerty. Ce fut la premiere place que Daifuſama print (comme nous auons dict) parce qu'elle eſtoit ſur les frontieres des

Royaumes qui luy faisoiēt la guerre. Tellemēt q̃ Chiunagōdono perdit ses biens, & fut enuoyé en exil à Coia lieu des Bōzes, ou se retirent ordinairement les Seigneurs Iappōnois qui sont bānis de leurs terres. Or pource que la loy du Iappon porte que quand vn Roy est priué de son Royaume, tous ses subiects & vassaux, quoy que gentils-hōmes, perdent leurs fiefs & rentes, toute la noblesse Chrestienne de Mino, demeura pauure & despouillée de tous ses biens & moyens.

Apres les Chrestiens de Mino, ceux du Royaume de Bigen ont le plus receu de perte. Leur comme gouuerneur estoit Iean Acaschicanon Chrestien, & cousin du Seigneur dudict Royaume, pres du principal chasteau duquel, & ou il faisoit sa residence, nous auions jà trois mille Chrestiens, du nombre desquels estoient les principaux courtisās dudit Seigneur. Son honneur & la bonne affection qu'il portoit à nostre compagnie, nous donnoit esperance que dans peu de iours il recepuroit le Baptesme, & tous ses subiects aussi. Mais luy ayant esté tué en la susdicte bataille, & par consequent perdu ses biens, les gentils-hommes qui releuoient de luy & se sauuerent de la bataille, sont demeurez miserables.

La mesme perte ont aussi receu les Chrestiens de Corumi au Royaume de Chicungo, parce que Findecani gentilhomme Chrestien & Seigneur dudict lieu, ayant suyui le party des Regents, comme oncle qu'il est de Morindono, perdit toutes ses terres, où habitoient plus de sept mille Chrestiens. Madame Maxence fille du feu Roy de Bungo François de bonne memoire, & femme dudict Findecani, se trouua dans le chasteau de son mary, quand les soldats de Daifusama y furent pour en prẽdre possession; & sans vn Cappitaine Chrestien frere de Quambioiendono qui la retira & mit en lieu d'asseurance, eut couru grãd'fortune. Ainsi les principaux Chrestiens de Corumi furent priuez de tous leurs biens, & leur Eglise ruinée.

Les nostres qui estoient à Firoschima principalle forteresse d'vn Royaume de Morindono, souffrirent en ce mesme temps vne tres-grande tribulation. Car soudain que la nouuelle de l'infortune de Morindono, & de la perte de ses sept Royaumes fut arriuée en ceste contrée là, les Bonzes & autres Payens commencerent à dire que cest accident luy estoit suruenu, parce qu'il tenoit les Peres de nostre Compagnie en ses terres. Ceste rumeur alla si auant que les Chrestiens mesmes dudict lieu prierent instamment le Pere qui demeuroit là, de se retirer à Nangasaqui iusques à tant que ceste furie des Bonzes fust passée. Le mesme luy fut escript par Saxedono Gouuerneur de ce quartier là, & le P. Visiteur ayant esté plainement informé de ce qui se passoit, fut de mesme aduis, & manda au Pere de s'en aller à Nangasaqui. Mais estant monté sur mer, il courut encore plus grand peril, se voyant entouré de Corsaires, qui escumoient toute ceste coste, & eut bien de la peine à eschapper des mains d'vn peuple si felon & barbare.

Quant aux affronts, outrages, & iniures que nos Peres & Freres ont supporté en Amangucchi, vostre paternité les entẽdra par vne partie de la lettre qu'vn de nos Peres qui estoit sur les lieux, escriuit au P. Vice-Prouincial. Les dangers, dit-il, ont esté tels, que ie n'en passay iamais de semblables. Ie vous en repreſenteray vn ou deux traicts, afin que voſtre Reuerence aye compaſſion de nous, & occaſion de loüer & remercier Dieu qui nous en a deliurez. Il courut vn grãd bruit par toute ceſte contrée, que les payens nous vouloyent tous maſſacrer: nous en receuſmes aduis comme de choſe treſ-certaine; toutesfois nous paſſames quelques iours ſans en tenir grand cõte, nous confiant en Dieu, & ne doutant point que ſa bonté n'y miſt bon remede. Mais comme tout Amangucchi fut vn iour en trouble à cauſe d'vne fauſſe nouuelle qui couroit que Morindono s'eſtoit fendu le ventre, voicy vn gouuerneur payen que nous n'auiõs iamais veu, qui vient droit à noſtre maiſon. Nous ne doutaſmes pas que ce ne fuſt pour nous coupper à tous la gorge, principalement en ayãt ja deſcouuert quelques enſeignes deſquelles on nous auoit particulierement aduerty; neantmoins ayant prins courage, & aduiſé en peu de parolles nos Freres de ſe tenir preſts pour mourir, ie m'en allay le receuoir à la porte, diſcourus auec luy & ſes troupes quelque tẽps, ſi bien qu'il ſ'en retourna fort content, ſans donner autre ſigne de ſon deſſeing.

Ie croy fermement que noſtre bon Dieu luy changea ſoudain le cœur. Car que fut venu faire chez nous en tel temps, vn payen qui n'y auoit iamais mis le pied?

Ayant euadé ce danger, nous tombaſmes en vn autre encore plus grãd la nuict prochaine. Car on nous aduertit ſur le tard que ceſte nuict là, où le lendemain, nos malueuillans deuoient venir pour nous maſſacrer tous. I'exhortay de nouueau nos Freres à ſe tenir preſts, ils ſe confeſſerent tous, & paſſerent la nuict entiere ſans clorre l'œil. Au matin de bonne heure, ie dis la Meſſe, & les communiay pour attẽdre la mort. Mais nous ne fuſmes pas pour encore trouuez dignes d'vne tant ſignalée grace. Tandis que nous eſtions en ceſte affliction, arriua d'Ozaca noſtre grand fleau, qu'on nõme Niſchimangobioio, lequel nous renouuella & redoubla les douleurs à demy paſſees. Mais la paternelle prouidence de Dieu noſtre Seigneur, fit reüſſir le tout bien au rebours de ce que nous auions redouté. Car noſtre frere Anthoine l'eſtant allé viſiter de ma part, il luy fit plus d'offres & careſſes, que n'euſſions oſé eſperer. Voyla ce qu'eſcrit le ſuſdit

Pere d'Amangucchi.

Ie pourroy mettre en auant plusieurs cas semblables, pour vous faire voir cõme les trauaux & dãgers que nous souffrons au Iappon, nous donnent iuste occasion de dire à Dieu apres le Prophete, *Propter te mortificamur tota die, æstimati sumus sicut oues occisionis.* Nous sommes tous les iours mortifiez pour l'amour de vous; on nous a tenu comme pauures brebis destinées à la boucherie. Car nous attendons à toute heure le glaiue qui nous oste la vie. Si quelqu'vn en doute encore, qu'il pese vn peu ce que ie m'en vay dire.

Canzuiendono venant inuestir & assieger la forteresse d'Vto (comme i'ay icy dessus escrit) cinq des Nostres y furent enueloppez auec les autres, & s'y trouuerent à propos pour consoler & assister les Chrestiens en vne telle necessité. Les Capitaines & soldats que le Sieur Augustin auoit laissé dans ceste sienne place, se deffendirent si bien & auec tant d'incommodité des assiegeans, que Canzuiedono perdit toute esperance de pouuoir prendre ceste place par force d'armes. D'ailleurs il ne pouuoit quitter ceste entreprinſe ſans grand danger & deshonneur, & ne trouuoit moyen de faire ſçauoir aux aſſiegez, comme le Sieur Auguſtin pour lequel ils combattoient, auoit premierement eſté faict priſonnier, puis mis à mort par le commandement de Daifuſama. Car les aſſiegez auoient dés le commencement faict deffenſe que perſõne n'entreprint de receuoir lettres ou autres nouuelles de la part des aſſiegeans ſous peine d'eſtre tenus & punis pour traiſtres & deſloyaux. Ce qui fut touſiours treſ-eſtroictemẽt obſerué. Partant tous les dards & fleſches chargées de lettres que les aſſiegeans lançoient dans le fort, eſtoient ſoudain iettées au feu, ſans qu'on les ouuriſt. Comme dõç les aſſiegez eſtoyẽt ainſi ſur leurs gardes, ne permettants qu'aucune nouuelle leur fut apportée, Canzuiendono rechercha diuers moyens pour obtenir du P. Viſiteur de noſtre Compagnie, qui pour lors eſtoit à Nangaſaqui, qu'il luy pleuſt enuoyer vn de nos Peres à Vto, pour faire entendre aux aſſiegez tout ce qui ſ'eſtoit paſſé, & en quel eſtat eſtoient pour lors les affaires de la Tenze, bref, qu'il traictaſt d'accord entre les deux partis. Pour obtenir cecy de nous, Cazuiendono promettoit d'vne part merueilles; & d'autre costé nous menassoit de mille maux. Nos Peres ayans sceu la mort du Sieur Augustin, desiroient bien de voir ces deux partis d'accord, ils ne voulurent neantmoins se mesler de leurs affaires, ains s'excusarent enuers Canzuiendono, luy remonstrant comme nous sommes religieux, & ne pretendons qu'enseigner le chemin du Ciel par la predication du Sainct Euangile. Partant qu'il n'estoit pas conuenable qu'aucun de nous moyennast la reddition de ceste place, ou s'entremist en faço quelcóque pour traicter des affaires de la guerre, de peur que la Noblesse du Iappon ne print occasion de penser que nous voulussions manier leur estat, ou nous mesler de leurs querelles. Canzuiendono transporté de la passion qui l'aueugloit, ne receut nos raisons ou excuses, ains entrant plus fort en cholere, nous menassa de faire passer au fil de l'espée les Nostres qui estoient dans Vto, & de nous accuser deuant Daifusama comme ses ennemis iurez, qui auions empesché que ceste place ne fust renduë: bref, iura qu'il nous feroit tous bannir du Iappon comme personnes pernicieuses à l'Empire. En quoy il s'abusoit entieremẽt, comme il recogneut depuis quand la fumée de sa passion qui l'empeschoit de cognoistre la verité, fut euaporée. Car les Nostres qui estoient assiegez ne se meslerent en aucune façon des choses de la guerre, ains s'employerent entierement à l'ayde spirituelle du prochain, vacquants à prieres & oraisons, se disciplinants souuent, cõsolants les malades, enleuants les morts au peril de leurs vies des lieux ou les ennemis faisoient gresler les arquebuzades, les portans en terre, confessans les vns, donnants la Saincte Communion aux autres qui venoient par ordre à ce Sainct Sacrement, & se desroboient des bresches pour y retourner auec nouuelles forces: bref, leur disans tous les iours la Saincte Messe.

Les armes materielles estans en la susdicte façon secondées & renforcées par les spirituelles, les soldats du Sieur Augustin deffendoient tres-courageusement le fort qui leur auoit esté commis, resolus de mourir tous pour l'amour de leur tant aymé Seigneur & Maistre, iusques à tant que l'armée des Regents ayant esté desfaicte, vn seruiteur dudict Sieur Augustin, cogneu de tous, se rendit à Vto, leur conta le desastre arriué à l'armée des Regents, la prinse d'Ozaca, & la mort du Sieur Augustin. Ce qui les fit resoudre de parlementer & capituler auec Canzuiendono, n'ayans plus de Seigneur pour lequel ils deussent combattre. La paix concluë, & les articles signez la place d'Vto fut renduë à Canzuiendono, & à l'exemple d'icelle toutes les autres qui appartenoient au Sieur Augustin. Entre lesquelles fut celle de Giateuschiro où commandoit vn bon Chrestien intime amy du Sieur Augustin, nõmé Mimazaca, lequel s'estoit du commencement resoulu de mourir en deffendant la place, plustost que se rendre à ces payens, mais depuis craignant de mettre en danger tout le reste des Chrestiens de ce lieu, il changea d'aduis. De faict il les aymoit si tendrement, qu'eux venant luy dire à Dieu auant son depart, il ne peut tenir les larmes, se voyãt forcé d'abandonner ceux qu'il auoit auec tant de peine aydez à receuoir la foy, & leur bastissant plusieurs Eglises procuré de les aduancer en la Religion & pieté Chrestienne. Il estoit si soigneux de faire apprendre aux petits enfans la doctrine Chrestienne, & prenoit si grand plaisir à l'ouyr dire, qu'il en pleuroit d'allegresse, & se prenoit à chanter auec eux les chansons spirituelles qui sont au Catechisme. Par fois pour leur donner plus de courage de les apprendre, il leur faisoit des collatiōs, voire des banquets entiers. Vn iour comme il eut faict apprester à manger pour les enfans dans vne belle salle, & deffendu qu'on n'y laissast entrer que personnes de qualité, quelques vns luy demanderent pourquoy il faisoit tant d'honneur à ces enfançons, Parce, respondit-il, que ce sont des Anges, lesquels loüans Dieu, font en terre l'office que ces bien-heureux esprits font au ciel. Souuētesfois sortant de sa maison, il menoit apres soy vn page qui luy portoit vn sac plein d'images, de chappellets, d'Agnus-Dei enchassez & de semblables denrées de deuotion, qu'il distribuoit luy-mesme aux Chrestiens, & sentoit vne particuliere consolation quand on l'importunoit, ou tiroit par la robbe, pour auoir quelque piece des susdites choses. Allant vn iour quelque part à cheual, il rencontra vn Chreſtien, lequel pour ie ne ſçay quel danger inuoqua les Saincts noms de Ieſus & Marie, & luy ſoudain mettant pied à terre, s'agenouilla pour prier Dieu. Ce Chreſtien le pria de luy dire pourquoy il s'eſtoit ſi ſoudainement mis en deuotion, parce qu'il n'y a pas long temps, reſpondit-il, qu'on n'entendoit en ces quartiers que des nõs de diables: maintenant y oyant nommer le doux Ieſus & ſa ſaincte Mere, i'en remercie la Maieſté Diuine. De cecy & de pluſieurs autres choſes que nous auons eſcrit en la lettre annuelle, on pourra cognoiſtre combien ce bon Seigneur aymoit les Chreſtiens de Giateuſchiro, & par cõſequent quelle douleur ils ſentirent quand il fut contrainct de quitter la fortereſſe.

Mimazaca s'embarqua auec ſa femme, ſon fils, & le reſte de ſa ſuite, qui montoit à plus de mille cinq cens perſonnes, & tira vers le Royaume de Saxuma, où il auoit deliberé de s'arreſter, ne ſe fiant aucunement à Canzuiedono. Comme il voulut prendre port, les Bonzes aduertis qu'il menoit auec ſoy quelques Peres de noſtre Compagnie, ſe mutinerent contre luy, le menaſſant que s'il deſcendoit là, ils le traiteroient en façon qu'il ſe ſouuiendroit à iamais des Bonzes. Ce qui l'affligea grandement. Nos Peres aduertis de ces rodomentables de Bonzes, ſe mirent en deuoir de le conſoler, s'offrants à demeurer dans les Nauires, quoy qu'ils fuſſent bien las du voyage, auquel entre les incommoditez ordinaires de la nauigation, ils auoient paſſé les iours entiers, ſans manger vn morceau de pain. Nous demeurons volontiers ſur l'eaue, luy dirent ils, iuſques à tant que vous ayez prins reſolution de voſtre voyage de Nangazaqui. Mais noſtre bon Dieu qui és plus grandes afflictions, faict plus clairement paroiſtre ſa prouidence enuers ſes ſeruiteurs, toucha le cœur d'vn Gentil-homme Payen du Royaume de Saxuma, tellement qu'il ſe reſolut à nous loger, en depit des Bonzes. A ces fins il nous enuoya vn Chreſtien des quartiers de Bungo, qui ſe tenoit là, pour nous aſſeurer de ſa bonne volonté en noſtre endroict, & nous conduire chez luy en toute aſſeurance. Nos Peres deſcendirent à terre ſoubs ce ſaufcõduict, & s'entretindrent deux iours auec Mimazaca pour le communier luy & sa suite. Tandis arriuerent lettres par lesquelles le Pere Vice-Prouincial mandoit que les nostres se retirassent à Nangazaqui. Qui fut cause qu'ils prindrent congé du Sieur Mimazaca, à son grand regret.

Ie vous laisse à penser quelle douleur nos Peres sentoyent de veoir vn si vertueux personnage comme Mimazaca, priué de tous ses reuenus, banny de ses terres, & contrainct s'accoster d'vn Gentil-homme Payen, n'ayant autre moyen de viure. Car quoy que Canzuiedono se fut porté fort humainement enuers les seruiteurs du Sieur Augustin, toutesfois parce qu'il auoit fait mourir le principal chef trouué dans Vto, comme estant frere d'Augustin, on auoit occasiõ de craindre qu'il n'en fist autant à Mimazaca, capitaine de Giateuschiro, & ce d'autant plus probablement qu'en certaine escarmouche il luy auoit tué bon nombre de soldats.

Nos miseres ne finirent pas là. Car Canzuiedono prenant possession d'Vto, fit quant & quant prendre prisonniers les cinq des nostres qui demeurerent là, auec les seruiteurs qui leur assistoyent, commandant à vn Capitaine Payen, de les clorre dans vne maisonnette, fort petite & mal accommodee. Ils y furent tous clos comme en prison, soubs bonne & seure garde, qui les veilloit nuict & iour. Le P. Alphonse Gonzales superieur des nostres à Vto, y est tombé malade, & ne pouuant en lieu si estroict, estre seruy comme son mal requeroit, a esté reduict à tel poinct que les Medecins n'esperent pas qu'il en releue iamais. Voicy ce qu'vn des Peres detenu en la mesme prison, en escrit.

Le Payen qui commande à nos gardes, traitant de nous changer de place, & nous conduire en lieu plus escarté de la forteresse, les Gentils-hommes Chrestiens le prierent de nous laisser icy, mais ils ne peurent obtenir que pour le Pere Gonzales. Dequoy ie fus extremement marry, me voyant forcé de laisser icy le malade tout seul. Tandis que ie taschois à me resoudre sur ce poinct, on presenta au susdict Capitaine vne lettre de la part des principaux Caualiers de Canzuiendono, par laquelle ils le prioyent tous bien affectueusement de ne changer rien en ce qui nous touchoit, iusques au retour de Canzuiendono, qui estoit allé assieger la forteresse de Gianaua. Mais ce barbare se roidit contre leur requeste, & au lieu de leur accorder ce qu'ils demandoyent, reuoqua le congé ja octroyé au Pere Gonzales pour demeurer icy. Tellement que ce Payen se mõstra tout semblable aux Leopards du glorieux martyr S. Ignace, faisant d'autant pis que plus on les prioit. Nous fusmes tous contraincts de changer de lieu, sans oser mot dire. On nous serra dans vne prison encore pire que la premiere, posant trois corps de garde aux enuirons. Si bien que les Chrestiens ne peuuent plus venir librement pour nous visiter. Deux Gentilshommes du Sieur Augustin nous sont venus veoir, pour nous dire adieu, non sans larmes, & nous ont laissé deux valets pour nous secourir tant qu'il leur sera possible. Mais que pourront ils faire, puis que nos gardes les accompagnent tousiours, voire mesme quand ils vont puiser de l'eauë pour nous? De cecy vostre Reuerence peut colliger quelles afflictions endurera le Pere Gonzales ainsi malade. Il tiendroit à grand faueur & delicatesse d'auoir du ris, quoy que mal net,& pis assaisonné. Nous n'auõs pourtant faute de courage pour supporter toutes sẽblables trauerses. Dieu nous en fournit en abondance. Pour moy depuis que ie suis en ceste nouuelle prison, i'ay senty vne allegresse extraordinaire,& ne puis me tenir de rire quand ie vois les œillades que Canzuiedono nous darde par dessus l'espaule, pour nous intimider. Nous sommes, Dieu mercy tous prests à souffrir moyennant sa grace, tout ce qui nous viendra de sa main. Iusques icy sont les paroles du susdict Pere.

Telles furent les trauerses qu'endurerent les nostres qui demeuroient és susdicts lieux : l'affliction qu'en sentirent ceux qui estoient loing d'eux, ne fut pas moindre. Car Monsieur l'Euesque, le P. Visiteur, & le P. Vice-Prouincial qui estoient à Nãgazaqui, receuoyent à tout moment de tristes nouuelles, tantost de la prinse & mort du Sieur Augustin, tantost qu'on cherchoit par tout le Iappon Madame Iuste sa femme, son fils, ses oncles, tous ses parens pour les faire mourir par Iustice: tantost que Madame Iuste & vn frere d'Augustin, n'agueres gouuerneur de Sacai estoient prisonniers, en danger de leur vie : tantost que les fils vnique dudict Augustin, aagé seulement de douze ans, estoit prins, & qu'on le menoit à Meaco pour le faire iusticier. On mesloit parmy ces nouuelles mille faux bruicts de la ruine des Chrestiens, de l'extreme misere à laquelle estoient reduicts tant de Seigneurs & Caualiers, les vns confinez en prison pour le reste de leurs iours, les autres bannis de leurs maisons, & priuez de tous leurs moyẽs. Bref on disoit que nos residences auoiẽt esté rasees & ruinees en diuers lieux. Ce qui nous dõnoit plus viuement au cœur estoient certains traicts brusques & sanglants que Daifusama laschoit par fois contre la Chrestienté du Iappon, venant à propos du Sieur Augustin & des autres Chrestiens qui s'estoient bandez contre luy, & se monstrant assez prest à renouueller la persequution. Ce que nous redoutions d'autant plus que nous ne cõmencions qu'à respirer de l'autre qui a tant duré, auions ia remis sus quelques Eglises, & disposé grand nombre de personnes au sainct Baptesme.

Ayant passé quelques mois en ces craintes & frayeurs, on nous donna nouuelles alarmes; asseurant que Schimandono Seigneur Payen, & qui s'est tousiours monstré contraire à tout ce qui concernoit nostre saincte Foy, s'en venoit à Nangazaqui, ayant obtenu de Daifusama, pareille surintendence sur Arimandono & Omurandono, qu'auoit iadis le Sieur Augustin, ce que les Iapponnois appellent les faire leurs Ioriques. Ainsi ces deux Seigneurs Chrestiens (qui restent seuls auec leurs vassaux Chrestiens sauuez du dernier deluge) demeureroient subiects à vn infidele & idolatre. Nos Peres qui estoient à Meaco & Ozaca nous escriuoient bien que Schimandono estoit prest à partir auec commission de Daifusama, pour inuentorier tous les biens & moyens du Sieur Augustin, toutesfois ils ne pouuoyent dissimuler la crainte qu'ils auoyent que Schimandono ne nous donnast beaucoup de peine à son arriuee. Nous fusmes aussi aduertis de bonne part, qu'il auoit tenté tous moyens à luy possibles pour faire que Daifusama luy accordast les terres d'Omura en contr'eschange de l'Isle d'Amacusa, ou de telle autre de ses places qu'il luy plairoit, & que

& que les prouisions luy en auoient esté expediees. Ce qui nous greuoit d'autant plus que si ce Payen eut mis vne fois le pied dans Omura, le Seigneur d'Arima couroit grand' fortune ou de perdre son estat par vn si dãgereux voisinage, ou d'estre forcé le changer auec quelque autre. Par ainsi ces tant anciens & vertueux Chrestiens que nous auons en ces deux Royaumes, auec leurs Eglises & nos maisons seroient perdues pour nous.

La fin nous monstra que nous n'auions pas en vain apprehẽdé l'arriuee de Schimandono. Car soudain qu'il fut à Nangazaqui il la nous dõna belle, sur le subiect des Chrestiens, lesquels quittans tout ce que les hommes estiment le plus beau & le meilleur en ceste vie, plustost que vouloir consentir à l'impie mandement de leur Tono, qui leur vouloit faire quitter la foy de Iesus Christ, partirent de Firando, & se vindrent loger en vn lieu que leur octroya Omurandono pres de Nangazaqui, comme nous escriuismes l'an passé.

Schimandono trouuoit fort mauuais que ces Chrestiens fussent partis de Firãdo, & les auoit voulu renuoyer en leur pays. Mais parce qu'ils s'estoiēt arrestez és terres d'Omura, qui estoient lors souz la protection du Sieur Augustin, il ne les peut contraindre à ce faire. Donc maintenant venant à Nangazaqui auec Foin qui est Tono de Firãdo, son intime amy, & cousin d'vn sien nepueu, & se voyant bien accompagné des trouppes qu'il menoit pour faire la guerre à Saxuma, il luy print volonté de mettre à fin ce qu'il n'auoit autresfois peu faire. A ces fins il enuoya dire à nos Peres que c'estoit vne chose insupportable de veoir des Chrestiens abbandonner leurs legitimes Seigneurs, pour ne vouloir faire les ceremonies des Gentils. Que si ces nouuelles arriuoyent à la cour, si on sçauoit que nos Peres eussent donné tel conseil, & fauorisassent, voire nourrisēt telles personnes, il y auroit bien du danger pour nous, & ce seul faict pourroit estre occasiõ plus que suffisante pour attirer quelque grand malheur sur nos testes. Partant qu'il vouloit mettre ordre à cest affaire, procurant que ces gens retournassent à Firando, fissent lesdictes ceremonies, & obeissent à tout ce que Foin leur commanderoit en cest endroict. Que s'ils vouloient estre Chrestiens à l'interieur, qu'ils le fussent à la bonne heure. Bref il desiroit que nos Peres conseillassent aux Chrestiens d'accepter ce party. Il luy fut sommairement respondu, que les Chrestiens ne se pouuoient sousmettre à ceste condition pour estre contraire à la loy Euangelique, laquelle ils professoient, & partant qu'ils ne leur pouuoyent aussi donner tel conseil. Schimandono fit sommer du mesme accord les Chrestiens de Firando, par deux de ses courtisans, lesquels n'eurent autre responce d'eux que de nous. Ils protesterent seulement de plus ne vouloir mal aucun à Foin, ains desirer le seruir cõme leur Seigneur, ainsi qu'ils auoyent faict par le passé, pourueu qu'il leur permit de viure Chrestiennement. Que si telle cõdition luy sembloit estre trop libre ou auantageuse pour des vassaux enuers leur Seigneur, qu'il retint pour soy les biens & rentes qu'ils possedoient cy deuant, & se seruit d'eux pour valets d'estable pour porter le ris, & pour tels autres bas & vils exercices, promettãt de faire tout ce qu'il leur commãderoit, pourueu que la gloire de Dieu n'y fust interessee. Ceste responce donnee, les Chrestiens furent aduertis par personne digne de foy, de se tenir sur leurs gardes, parce que Schimãdono & Foin n'attendoient que la commodité pour leur courir sus, & tuer les principaux. Qui fut cause qu'ils appellerent quelques vns de nos Peres pour se confesser, & se retirerent tous dans vne maison bien situee pour se deffendre, ou ils se fortifierent le mieux qu'ils peurent resolus comme bons soldats, de vendre bien cher leurs vies aux ennemis de la foy. Nos Peres preuoyans les dangers & ruines qui pouuoient sourdre de ce nouueau cas en temps si calamiteux, & desirans de coupper broche à toute sorte de troubles, se mirent en deuoir de persuader à Dom Hierosme & à Dom Thomas son fils (chefs de ces Chrestiens, & cõtre lesquels Foin estoit plus indigné) qu'ils se mõstrassent bien s'ils vouloient à l'exterieur, prests à se deffendre, afin que leurs aduersaires voyans qu'ils n'en pourroyent venir à bout sans perte de quelques soldats, desistassent de ceste poursuite: Mais si les Payens se monstroyent resolus de passer outre, & en venir à bout quoy qu'il coustast, que pour lors ils demandaſſent à capituler, & que les deux chefs ſ'offriſſent à ſortir hors du fort ſans armes, & ſouffrir la mort pour ſauuer la vie aux autres. Ils ſe reſolurent à ſuyure ce conſeil pour le grand deſir qu'ils auoyent de la couronne du martyre, & conſiderans que ſe mettant en deffenſe, ils la perdroyent, voire mettroient en grand hazard leur ſalut, parce qu'il eſt mal aiſé que les combattans ne ſe mettent en cholere, ne vueillent mal à leurs ennemis, & ne deſirent ſe venger d'eux; offences qui les euſſent precipitez en enfer. Ce qui ne pouuoit aduenir s'ils s'offroyent volõtiers à la mort. Outre qu'ils n'auoyent moyen de reſiſter tellement qu'en fin ils ne fuſſent tous vaincus, n'y laiſſaſſent leurs vies, & ne miſſent en grand danger toute la Chreſtienté du Iappon, quand ce faict ſeroit rapporté à Daifuſama.

Mais ſut que Schimandono & Foin n'euſſent iamais eu volonté de faire ce dequoy ils auoyent menaſſé ces Chreſtiens, ſut qu'ils euſſent peur de ne venir à bout de leur entreprinſe voyant ces Chreſtiens tellement reſolus & preſts à ſe deffendre, ils leur firent entendre cõme ils ne pretendoient leur ruine. Ainsi ces bons Chrestiens furent asseurez de leurs vies, & nous deliurez de toute crainte & danger.

Ce faict à donné tres-bonne edification, nõ seulement à tous les Chrestiens qui sont par deçà, ains aux Payens mesmes. Combien que fort peu de gens ont sceu la resolution prinse par Dom Hierome & Dom Thomas pour se deffendre, à cause du danger qu'il y auoit que cela venant aux oreilles de Schimandono & de Foin, ne les fit resoudre à prendre les armes pour tailler en pieces tous ces Chrestiens, quand bien ils n'en eussent d'ailleurs eu volonté aucune, sçachant bien qu'ils se deffendroient comme valeureux soldats. Car tels les auoiēt ils recognus en la guerre de Corai.

Nous eusmes vne autre belle attaque à Nangazaqui, à l'occasion de Madame Marie fille du Sieur Augustin, mariee à vn Seigneur d'vn Isle qui est entre le Coraï & le Iappon. Car ce Seigneur ayant sceu que son beaupere auoit esté premierement faict prisonnier, puis iusticié, il eut grand' peur que sa femme ne luy fut cause de quelque grand mal. Partant il l'enuoya auec quelques Damoiſelles vers Nangazaqui , où il eſtimoit qu'elle pourroit demeurer en aſſeurance. Elle y arriua ſur le poinct qu'on venoit de receuoir certaines nouuelles, comme Daifuſama auoit donné commiſſion de rechercher ſoigneuſement les biens & enfans du Sieur Auguſtin. Tellement que nous fuſmes en treſgrande perplexité, ne pouuants priuer de noſtre ſecours ceſte Dame fille du Sieur Auguſtin, auquel nous eſtions tant redeuables, & qui nous eſtoit tant recommandee par ſon mary; & d'ailleurs conſiderants que Daifuſama ne prendroit pas en bõne part que nous euſſions aydé ceux qu'il pourſuyuoit, s'il en auoit quelques aduis. Ce qui ne ſe pouuoit autrement faire en temps ſi trouble. Ce nonobſtant les noſtres luy trouuerent logis conuenable à ſa grandeur & vertu, & luy aſſiſterent en tout ce qui leur fut poſſible. Dequoy Daifuſama pardonnant à Madame Iuſte vefue du feu Seigneur Auguſtin, & à ſes filles, Madame Marie fut hors de danger.

Voyla ſommairement les trauaux que nous auons ſoufferts durant ces reuolutions. Il ſemble maintenant raiſonnable que nous y adiouſtions les conſolations que Dieu s'eſt daigné nous departir parmy ces tourmens; & remarquions en peu de paroles, les biens que la bonté diuine a tiré des maux ſuſdicts.

Premierement donc par les guerres & changements d'eſtats que nous auons cy deſſus touché, la prouidence diuine a applani pluſieurs dificultez & empeſchemens qui ſe preſentoient au Iappõ, en la cõuerſion des Gentils, & ſecours de ceux qui ſont ia Chreſtiens. Car la forme du gouuernement laiſſee par Taicoſama aux Regents, eſtans abolie par ceſte victoire, & Daifuſama s'eſtãt rendu Seigneur abſolu du Iappon, nous ſommes quittes de l'Edict faict par Taicoſama contre les Chreſtiens & contre nous. Ce qui ne fuſt aduenu ſi les Regents euſſent eu du meilleur. Car ils auoyent iuré d'obſeruer inuiolablemẽt & touſiours les loix de Taicoſama, deſquelles on ne parlera plus deſormais. Le meſme aduiendra des autres choſes qu'il a faict & ordonné, la prouidence diuine permettant que celuy qui durant ſa vie auoit tant perſequuté les Chreſtiens, & qui par le moyen du gouuernement laiſſé aux Regents, pretẽdoit en certaine façon regner apres ſa mort, voire eſtre adoré comme nouueau Dieu de la guerre, trouuaſt vn ſucceſſeur qui effaçant tous les veſtiges de ces beaux faicts, a priué tous les Regents de leur authorité: Voire que ces Regēts meſmes ſans ſçauoir qu'ils faiſoient, ayent rué par terre la plus belle œuure que Taicoſama eut iamais faict, c'eſtoit la forteresſe de Fuſchimo, en laquelle il s'eſtoit euertué de faire paroiſtre ſon pouuoir & ſes richeſſes. Tellement que la memoire de Taicoſama s'ira peu à peu eſuanouiſſant, & ſera du tout obſcurcie par l'Empire & gouuernement de Daifuſama, qui commence à regner auec vne grande douceur & clemence, ne s'eſtant voulu ſeruir du pouuoir & liberté que la victoire a couſtume de porter, particulieremēt au Iappon, ains pardonnant à pluſieurs Seigneurs qui luy ont reſiſté. Il a ſeulement faict trencher la teſte à trois des principaux chefs & autheurs de la reuolte faicte contre luy, ſçauoir eſt à Gibunoſchio, à Ancocugi (Bonze, par le conſeil duquel Morindono ſe gouuernoit en tous ſes affaires) & au Sieur Auguſtin. De la mort deſquels ie parleray plus au long ſur la fin de la preſente. Au reſte il a faict grace à la femme & aux filles du meſme Auguſtin, leſquelles selõ les loix du Iappon deuoient mourir, enſemble à vn frere dudict Auguſtin auec ſes enfans, & à pluſieurs autres caualiers Chreſtiens qu'on eſtimoit impoſſible de ſauuer.

Il s'eſt auſſi monſtré fort doux & courtois enuers nous, receuãt auec beaucoup de bien-veillãce ceux qui le sõt allez viſiter de Meaco & d'Ozaca. Le P. Iean Rodriguez y allant de la part des noſtres de Nangaſaqui, fut receu auec pareil accueil, & y rẽcontra vn courtiſan qui teſmoigna publiquement comme ledict Pere, & les autres reſidans à Nangaſaqui luy auoient faict beaucoup de courtoiſies durant la guerre contre les Regents. & ce ſeulemẽt pource qu'il appartenoit à Daifuſama, dequoy ce Prince fut fort ioyeux. Et non content d'auoir monſtré de parolle combien tels ſeruices luy aggreoient, le voulut encore confirmer par eſcript, nous faiſãt expedier deux lettres patentes par leſquelles il confirmoit noz reſidẽces, de Meaco, d'Ozaca, & de Nãgaſaqui. Ce ſont les trois principales villes du Iappon, & desquelles on faict plus de cas pardeça. Partant Daifusama Seigneur de la Tenze nous ayant permis d'habiter en ces trois, c'est tout autant que s'il nous auoit dõné congé d'habiter par tout le Iappon. Dequoy nous sommes beaucoup redeuables à nostre Seigneur, & tenus de l'en remercier. Car depuis l'an 1587. que Taicosama nous chassa du Iappon, nous n'auions peu obtenir par escript congé d'y resider, seulement nous auoit on permis de viue voix de nous tenir à Nãgasaqui iusques à certain nombre. Depuis la mort de Taicosama, & du temps des Regẽts, nous estiõs rentrez en quelques Royaumes, & y trauaillions comme deuant, mais nous le pouuons maintenant faire par tout auec plus de liberté, & sans aucun danger nostre, ny des Chrestiens.

Le retour de Schimandono à Nangasaqui nous a fourny d'vn beau subiect de consolation, Dieu nostre Seigneur conuertissãt noz craintes & frayeurs en ioye & allegresse. Nous auions eu peur qu'il ne vint auec quelque nouuelle charge, & qu'il ne s'indignast contre nous quand il seroit question de luy faire pour la premiere fois entendre l'arriuée de Mõsieur l'Eueſque du Iappon (qu'on luy auoit iuſques à ce temps celée, pour beaucoup de iuſtes raiſons) Mais Dieu diſpoſa tellement toutes choſes qu'elles reüſſirent fort heureuſement. Soudain que Schimandono fut arriué à la fortereſſe de Caraſo, le P. Iean Rodriguez le viſita de la part de Monſieur l'Eueſque, du P. Viſiteur, & du P. Vice-prouincial. Il fut fort content de ceſte viſite, & de l'ariuée de Monſieur l'Eueſque, & quelques iours apres reſpondit fort courtoiſement aux lettres dudict Sieur Eueſque, & du P. Viſiteur. Depuis venant à Nangaſaqui il mõſtra beaucoup de ſignes de biẽ-vueillance à Mõſieur l'Eueſque & aux noſtres: diſna deux fois chez nous, l'vne inuité par ledict Eueſque, l'autre par nous, & touſiours ſe monſtra fort ſatisfaict de la bonne chere qu'on luy auoit faict, mais plus de l'entiere affection qu'on luy portoit. Il ne changea rien ny pour les Chreſtiens, ny pour nous, ains nous promit toute faueur pour l'aduenir, en toutes les occaſiõs qui ſe preſenteroiẽt, diſant qu'il le pouuoit à preſent faire plus libremẽt, puis que Daifuſama eſtoit Seigneur de la

Tenze, & ſe monſtroit beaucoup plus facile en ceſt endroict que n'auoit iamais eſté Taicoſama, ny les Regents, qui auoient autant de diuerſes volontez & deſſeins, qu'ils eſtoient de perſonnes.

La diuine bõté a pareillemẽt touché le cœur à quelques autres Seigneurs, pour nous fauoriſer pres de Daifuſama, cõme à Cainocami fils de Quambioiendono Seigneur Chreſtien : à Nangauoca iadis mary de Madame Grace qui eſtoit chreſtienne, de la mort de laquelle nous auõs eſcript en la lettre annuelle : à Fucuſchimãdono lequel eſt Payen, neantmoins il a deux de ſes nepueux, & pluſieurs de ſes gentils-hommes qui sõt Chreſtiens: bref à vn fils d'Aſonadangio, lequel iaçoit qu'il ne ſoit Chreſtiẽ, a neantmoins treſbonne opinion de la loy Euangelique.

Nous auons auſſi receu grande conſolatiõ du departement de plus de trente Royaumes, faict par Daifuſama depuis ſa victoire, en deboutant ceux qui auoiẽt porté les armes contre luy, & les dõnant à ſes partiſans. Car noſtre Seigneur a tellement ordonné toutes choſes que des Chreſtiẽs les vns ſont demeurez en leurs maiſons ſoubs la protectiõ de nouueaux

Seigneurs ; les autres ont esté renuoyez parmy les gentils pour estre comme de belles roses, au milieu des picquantes espines, & par leur vertueuse vie, rendre vne bonne odeur de nostre Saincte foy.

Cainocami a eu pour sa part le Royaume de Chicugen ; qui est plus grand que celuy de Bugen, duquel il auoit auparauant les deux tiers. Au Royaume de Chicugen est la ville de Facata, où nous auõs bien mille Chrestiens, & enuiron autant és lieux circõuoisins dãs le mesme Royaume. Lesquels adioustez à la Noblesse & aux soldats qui estoient en Bugen, & que Cainocami a mené auec soy, feront vn tres-beau nombre. Ioinct encore Iean Acasochicamon Seigneur Chrestien & grand amy de Cainocami, qui l'a receu à son seruice auec trois cens autres Chrestiens, luy donnant vn fort beau reuenu à Chicugen. Nous auons esté fort cõsolez de veoir vn si bon Chrestien, & qui dõne par tout si bon exemple, estre si bien venu, & tãt fauory de Cainocami. Nous le fusmes bien encore dauãtage, quand on nous fit sçauoir la façõ par laquelle Dieu nostre Seigneur l'auoit premierement garẽty de la mort, & puis remis en grace auec Daifuſama. Voicy comment. En la bataille que les Regents perdirent, il ſe trouua (comme capitaine des plus valeureux) à la premiere poincte de l'armée, & fut tout à coup inueſti par ſes ennemis, à cauſe de la trahisõ qui ſuruint. Se voyãt ainſi engagé ſans eſperance de vie, & d'ailleurs preſsé par l'impie couſtume du Iappon, de ſe tuer ſoy-meſme, ce qu'il ne pouuoit faire ſans offencer Dieu, & contreuenir à la loy Creſtienne, il ſe reſolut de combattre en vaillãt ſoldat iuſques à tant qu'on l'abbatit. Suyuant ceſte reſolutiõ il attaque l'eſcarmouche tout à pié, & la pourſuyt ſi bien qu'il rencontre de bõne fortune l'eſquadron de Cainocami ſon grand amy, qui ſuyuoit le party de Daifuſama. La liurée qu'il portoit le deſcouurit. Les gens de Cainocami le ſaluerent, luy criant qu'il s'approchaſt, que leur Maiſtre luy ſauueroit la vie, comme il fit. Mais il s'eſtõna bien de veoir Acaſchicamõ vif parmy tãt d'arquebuzades, & plus encore de ce que ſe trouuant en tel danger, il ne s'eſtoit tué ſoy-meſme. La ſeule crainte m'en a deſtourné, dict il, & induict à me fourrer dãs la preſſe pour mourir les armes au poing. Ie ſuis maintenant en vostre pouuoir, ce me sera grãd hõneur de mourir de vostre main. Ie me garderay bien de cõmettre vne telle faute, repliqua Cainocami, ie vous sauueray s'il m'est possible, & vous obtiendray grace de Daifusama. Ce que disant il mit pied à terre, fit monter Acaschicamon sur son cheual, & sauta sur vn autre de ses valets. Apres la victoire il obtint la grace de ce bon Seigneur, & le recommanda tellement en la demandant, que Daifusama luy dõna pouuoir de le retenir en ses trouppes, & se monstra fort content de sçauoir qu'vn Seigneur de si rare vertu eust eschappé le hazard de la guerre. Ie m'en pourray quelque iour seruir, dict Daifusama. Voyla comme Acaschicamon a esté deliuré de tout danger, & suyt maintenant la Cour de Cainocami, auec Soiemõdono oncle dudict Sieur. Ce seront deux bons aduocats des Chrestiẽs pres de Cainocami, & qui l'induiront à fauoriser la loy Euangelique.

Despuis ce rencontre le mesme Acaschicamon fut à Ozaca, & logea quelques iours chez nous, où il ne cessoit de louër & remercier Dieu pour l'auoir deliuré d'vn tant euident danger de mort, & par mesme chemin pourueu d'vn beau moyẽ de viure honnorablement, quoy qu'il aye perdu tous ses biens.

Plusieurs Cheualiers Chrestiens natifs de Corumi, sont allez à Chicugen au seruice de Cainocami; ainsi le nõbre des Chrestiens croist peu à peu en ces quartiers là, qui sera cause que les payens auront quelque cognoissance de nostre saincte Foy, & se conuertiront plus aisément.

Au lieu du petit Royaume de Tango que Nangaioca possedoit cy deuãt, Daifusama luy a depuis peu de iours donné tout celuy de Bugen, auec la troisiesme partie de Bungo qui luy est limitrophe. Ce bon Seigneur nous porte beaucoup d'affection, il a vn frere, vn fils, deux filles, & quelques vns de ses Gentilshõmes qui sont Chrestiens. Ce qui nous fait esperer que les payens de ce quartier là se disposeront petit à petit à rechercher ce qui concerne leur salut. Car soudain que Nangaioca eut receu en don de Daifusama le susdit Royaume, il escriuit au Pere Organtin le priant d'escrire au Pere qui demeuroit à Bugen, & luy-mesme fit escrire par vn sien courtisan, qu'il ne partit pas de là, ains vacast hardiment à l'ayde des Chrestiens dudict lieu, parce qu'il estoit tout resolu de fauoriser ses vassaux en cest endroict comme de faict il les fauorise beaucoup, donnant à qui veut congé de se baptizer, & bastir des Eglises autant qu'il est besoing pour leur ayde spirituelle. Il a trente Cheualiers à sa suite qui n'attendent que l'occasion pour se faire baptizer. Ce fut luy-mesme qui sans y penser autrement, les induisit à ouyr le Catechisme par vn discours qu'il fit monstrant que chacun deuoit volontiers suiure & embrasser ce qui concernoit son salut, sans attendre d'y estre forcé; protestant que personne ne l'y pouuoit contraindre; neantmoins qu'il desiroit que chacun entendist comme il prenoit vn singulier plaisir, d'entendre qu'on receut le Sainct Baptesme, & qu'il priseroit beaucoup telles personnes, voire les employeroit où il pourroit pour son seruice.

Non content de fauoriser les Chrestiẽs qui sont ses vassaux, il ayde & secourt encore de son pouuoir les autres. Car ayant apprins que sept cens Chrestiens de Firando, plustost que renoncer à leur foy (ainſi qu'il a eſté dict) auoient quitté leurs biens, & ſ'eſtoient retirez pres de Nangaſaqui, il les inuita de ſe retirer en ſon Royaume, leur offrant du reuenu à ſuffiſance, & plus qu'ils n'en auoient eu à Firando. Pour conclurre ceſt affaire, & quelques autres qui n'eſtoient de moindre importance, auec le P. Viſiteur, il enuoya le P. Gregoire Ceſpedes de Bungo à Nangaſaqui, & la reſolution prinſe, il voulut que les ſuſdits Chreſtiens s'en allaſſent promptement à Chicugen pour prendre poſſeſſion du reuenu qu'il leur auoit aſſigné. Nous fuſmes bien ioyeux de ſçauoir que ces bons Chreſtieus euſſent trouué lieu de retraicte, & moyẽ de viure, tous les fideles de ces quartiers en furent auſſi grandement edifiez.

Fucuſchimandono noſtre bon amy & Seigneur fort affectiõné aux Chreſtiens, parmy leſquels il a deux de ſes nepueux, & quelques gentilshommes, eut pour ſa part de la diſtribution que fit Daifuſama, deux Royaumes qui appartenoiẽt cy deuant à Morindono; en l'vn deſquels eſt la fortereſſe de Firoſchima, en laquelle les Noſtres furent (comme nous auons dict cy deſſus) fort affligez par les Bonzes, qui conseilloient & gouuernoient Morindono en toutes ses entreprinses. Soudain que Fucuschimãdono eut receu ce don, il fit venir à sa Cour Iriasacon & Dõ Paul de Bungo anciens Chrestiẽs & personnages d'hõneur, lesquels l'accompagnans pour prendre possession desdicts Royaumes, & trouuant que le Pere qui auoit coustume d'y demeurer, estoit party pour se rendre à Nangasaqui, enuoyerent en diligence vn courrier apres luy, pour le ramener, luy promettant toute faueur aupres de Fucuschimãdono, & le plus beau lieu que les Bonzes eussent en tous ces quartiers là. Mais parce que le courrier trouua le Pere ia logé chez nous à Nangasaqui, & recreu du chemin, nos Superieurs iugerent plus à propos d'attendre que les affaires de Firoschima fussent vn peu mieux composez auãt qu'il y retournast. Ce qui fut executé. Mais tandis on enuoya d'Amangucchi vn de nos Freres Iappõnois qui auoit cy deuãt demeuré à Firoschima, pour visiter Fucuschimãdono & les Chrestiens. Ce bõ Seigneur a fort mauuaise opinion des Bonzes, & tresbonne des Chrestiens, desquels il tient bõ nombre pres de soy, qui nous fait eſperer qu'on fera grand fruict en ſes terres. De faict nous auons eu nouuelles qu'il receut fort honnorablement le Pere qui ſ'en y retourna, & luy fit entendre qu'il veut totalemẽt que les Noſtres y demeurent, & s'employent à la conuerſion des gentils, voire luy aſſigna lieu où ils pourront fort commodement habiter. Voila comme la diuine prouidence a permis que Morindono fut deſpouillé de ſept Royaumes qu'il poſſedoit cy deuant, afin que les Bonzes leſquels à l'ombre d'vn ſi grãd idolatre, fleuriſſoiẽt en ces quartiers là, y perdiſſent tout credit: l'idolatrie qui regnoit en ce païs plus qu'en tout autre, en fut bannie: & le meſme Morindono, qui n'a plus que deux petits Royaumes, encore mal aſſeurez, voyant que ſa fauſſe Religion, & la vaine eſperance qu'il auoit en ſes Camis & Fotoques, ne luy ont rien ſeruy ; & que le principal de ſes idoles ſ'eſt trouué menteur, luy ayant reſpondu qu'il emporteroit la victoire lors qu'il fut vaincu, cognoiſſe ſon erreur, & quitte tout à faict l'opiniõ qu'il auoit de ſes idoles, ou pour le moins ſerue à pluſieurs d'exẽple pour la quitter. Cõme ont fort ſagement faict plusieurs de ses gentilshõmes, ainsi que nous escrit le P. Organtin, lesquels ces iours passez demãderent & receurent le Sainct Baptesme à Ozaca, parce qu'ils auoient recogneu que les Camis & Fotoques n'ont aucun pouuoir, les autres qui auoient cy deuãt suiuy le mesme Morindono, se sont quasi tous retirez à Amangucchi vers le Pere qui demeure là, & au lieu des trauerses qu'ils luy dõnoient iadis, luy rẽdent maintenãt mille caresses. Le gouuerneur qui a la surintendance de ces Royaumes, s'est aussi monstré fort ayse de l'auoir rencontré là, pour le fauoriser en tout ce qu'il luy sera possible.

Au Royaume de Bigen proche de Meaco, ou les Chrestiẽs ont beaucoup souffert à cause de la ruine de Chiunagondono leur Seigneur, s'ouure maintenant la porte non seulement pour entretenir en deuotion les Chrestiens, ains pour conuertir les infideles, parce que Daifusama ayãt dõné ce Royaume à Quingodono, Seigneur qui meine plusieurs Chrestiens en sa Cour, nous esperõs par leur moyen conseruer ceux qui ont ia receu la Foy, & la faire embrasser à plusieurs autres. Le mesme Quingodono a receu à ſon ſeruice Dom Iean Amacuſadono, qui auoit eſté depuis quelque temps bãny d'Amacuſa, & luy a donné du reuenu ſuffiſant pour luy & huict cẽs que vaſſaux que ſeruiteurs qui ſont à ſa ſuite. Quant aux autres Seigueurs Chreſtiẽs de Bigen, qui auoit ſuiuy le party de Daifuſama, durant ces troubles, ils ont eu leur departement au Royaume de Mimazaca, voiſin de Bigen.

Outre tout ce que deſſus il a pleu à noſtre Seigneur nous cõſoler par les graces des heureux ſucces & rencõtres octroyez à Quambiogendono, lequel s'eſtant dés le commencement de ceſte guerre, reſolu à ſuiure Daifuſama, & s'y eſtant (cõme nous auons eſcrit cy deſſus) preparé par vne confeſſion generale de toute ſa vie, amaſſa force troupes au Royaume de Bigen, où il eſtoit pour lors. De là paſſant au Royaume de Bungo pour faire la guerre à ceux qui tenoient le party des Regents, il y fit les exploicts que nous auons cy deuant remarquez. Donnant plus auant il cõquiſt pluſieurs autres Royaumes portãt touſiours en ſes enſeignes le triomphant ſigne de la Saincte Croix. La manifeſte profeſſiõ du Chriſtianiſme qu'il faisoit par les enseignes qui paroissoient parmy toutes ses entreprinses a de beaucoup seruy à l'amplification de la gloire & honneur de Dieu. Car luy estāt fort estimé en tres-grande authorité és quartiers de Schimo, & se declarant si ouuertement Chrestien, il ne faut pas douter que les Chrestiens n'en ayent esté beaucoup plus prisez & cheris.

Nous pouuons aussi dire auec toute verité que Quambiogēdono a esté cause que les Estats d'Arima & Omura se sont conseruez. Car ayant communiqué son desseing aux Seigneurs desdites terres, il les sollicita tant qu'ils se resolurent à suiure Daifusama. Par ce moyen non seulement leurs vassaux Chrestiens ont vescu en asseurance, ains tous les autres qui sont au Iappon, ont esté deliurez de la fureur de Daifusama, la faute (s'il la faut ainsi nommer) que le Seigneur Augustin commist en cest endroict contre Daifusama, ayant esté si bien couuerte par le bon deuoir que les autres firent, qu'elle n'a esté imputée ny à nous, ny aux autres Chrestiens.

Il me semble que nous pouuons encores à bon droict conter parmy les heureux

reux ſuccez de Quambioiendono, la reduction à la Foy Catholique, du Roy ou pour mieux dire du Giacata de Bungo, parce qu'elle aduint du tẽps que Quambioiendono auoit en main tout ce quartier là. Il vous faut donc ſçauoir que quelques mois auant que Taicoſama cõmençaſt à nous perſecuter, Giacata s'eſtoit chreſtienné à la perſuaſion du meſme Quambioiendono. Mais craignant Taicoſama, & n'oſant publiquement ſe dire Chreſtien, & par conſequent ne ſe pouuãt ſeruir des moyens ſpirituels neceſſaires pour l'entretenir en ſa creance, il deuint ſi foible & debile en la Foy, qu'il retourna vers ſes Camis & Fotoques, auſquels il auoit de tout temps eſté trop affectionné. Apres diuerſes infortunes que Dieu permit luy aduenir pour le faire rentrer en ſoy-meſme & recognoiſtre ſa faute, il tomba (comme nous auons conté cy deſſus) és mains de Quambioiendono, & fut fait priſonnier. Il n'auoit obmis Camis ny Fotoque auquel il n'eut fait quelque vœu, ou du temple duquel il n'eut prins quelque petite ſtatuë, ou autre choſe ſemblable, penſant par ce moyen gaigner la victoire, & recouurer le Royaume de Bungo, qu'il auoit perdu huict ans auparauãt. Il s'estoit tellement aheurté à ces superstitions, qu'il en auoit remply vn sac long de deux pieds ou enuiron, & large à l'aduenant, & le portoit sur ses armes à guise d'escharpe. Mais tout cela ne luy seruit de rien: il fut prins par Quambioiendono, & enuoyé sous bonne & seure garde à Nacazucaua metropolitaine de Bugen, où vn de nos Peres de sa cognoissance qui estoit là pour lors, le fut voir, & à l'occasion de ceste infortune, l'aduertit en vray amy qu'il print garde à soy, recogneut comme les idoles esquelles il auoit tant mis sa fiãce, n'auoient aucun pouuoir, cõme il ne luy restoit plus au monde chose à laquelle il peut auoir recours; Partant comme fils d'vn tant vertueux Pere qui fut le Roy François, qu'il pẽsast au salut de son ame, & rentrast au giron de la saincte Eglise. Giacata receut volontiers ce salutaire conseil, & en remercia le Pere, disant qu'il s'apperceuoit bien que le culte des Camis n'estoit que tromperie, qu'il y renonçoit entierement, & desiroit sur tout rẽtrer au sentier de la vie eternelle. Mais parce qu'il auoit desia oublié ce peu qu'õ luy auoit autresfois monstré de la doctrine Chrestienne, il desiroit fort estre instruict de nouueau. Nous luy donnasmes vn de nos Freres qui l'alloit trouuer tous les iours, & employoit quelques heures à luy expliquer le Catechisme, si bien qu'à la fin de la sepmaine il fut entierement confirmé en la Foy Catholique, & resolu à faire vne confession generale de toute sa vie, d'autant plus serieusement qu'il pensoit bien tost mourir. Nous l'instruisimes amplement sur ce poinct. A grand peine eut-il finy sa confession, que voicy vn commãdement de Daifusama, par lequel il ordõnoit qu'õ luy enuoyast promptement Giacata, sous bonne & seure garde. Chacun pensoit que ce fut pour le faire mourir par iustice, qui fut cause qu'õ ne luy osa dire ceste nouuelle qu'apres beaucoup de preambules, desquels toutesfois on ne se pouuoit bien passer. Car il estoit si resolu, qu'il n'auoit besoing d'aucune consolation. Ayant, disoit-il, retrouué mon Dieu, m'estant confessé auec tant de contentement & repos de conscience, tant s'en faut que ie redoute la mort, qu'au contraire, ie la souhaitte, craignãt que les mauuaises habitudes que ie ſents en moy ne me precipitent de nouueau en peché ſi ie demeure lõg temps en vie. Loüé ſoit Dieu que la mort, ne m'a pas (cõme elle pouuoit) ſurprins ou rencontré en temps ou en lieu auquel ie n'euſſe peu trouuer de Preſtre pour me confeſſer.

En ceſte bonne diſpoſition partit Giacata pour ſe rendre à Meaco. Mais il pleut à Dieu, qui luy auoit donné la vie de l'ame, luy octroyer encore celle du corps, faiſant que Daifuſama ſe contentaſt de l'enuoyer en exil en vn lieu aſſez pres de Meaco, où il eſt maintenant perſeuerant és ſaincts propos que Dieu luy inſpira par le moyen de la ſuſdicte tribulation.

Mais ſur tout le ſouuerain pere de miſericorde, & Dieu de toute conſolation, lequel nous conſole en toutes nos tribulations, s'eſt daigné nous conſoler par le non attendu, mais bien deſirable ſuccez qu'ont eu les affaires des Chreſtiens de Fingo, iadis ſubiects du Sieur Auguſtin. Il ſembloit bien au iugement des hommes qu'ils ſeroient pour iamais ruinez, mais ce bon Dieu par ſa paternelle prouidence, les a deffendus & cõſeruez. Car

Canzuiendono ſe reſouuenãt de la fidelité auec laquelle ils auoient valeureuſement deffendu la fortereſſe d'Vto tant durant la vie qu'apres la mort de leur Maiſtre & Seigneur, iugea qu'il ne ſçauroit trouuer perſonnes ny plus loyales ny plus adextres aux armes, que ceux-cy. Partant mettãt en oubly les pertes qu'ils luy auoient ſait ſouffrir, par la mort d'vn bon nombre de ſes gens qui moururent au ſuſdit ſiege, il les receut tous à ſon ſeruice, leur confirmant le meſme reuenu qu'ils auoient auparauãt, voire l'accroiſſant à ceux qui ſ'eſtoient monſtrez plus braues & vaillants contre luy-meſme. Bref, pour les contenter dauantage, & les entretenir en paix, ſçachant qu'ils ne deſirent rien tant que de viure en bons Chreſtiens, il leur permet de faire en cela tout ce qu'ils veulent.

Depuis diſcourant pluſieurs fois auec les principaux Chreſtiẽs qui ſont maintenant ſes gentilshommes, tant de la foy Catholique, comme de la façon de viure des Noſtres, & du ſiege d'Vto, il a beaucoup remis de l'indignation qu'il auoit contre nous, & recogneu au vray que l'vnion & fidelité que monſtrerent lors les assiegez ne proceda q̃ de ce qu'ils estoiẽt to⁹ bõs Chrestiẽs. Cela fait qu'il cõmence à se mõstrer beaucoup plus affectionné enuers eux. A quoy nous a grãdement seruy le bon tesmoignage qu'ont rendu en plein conseil quelques Gouuerneurs que Canzuiedono auoit enuoyé à Schiqui & Amacusa, apres s'estre deuëment informez de nostre maniere de proceder. Car ils ont protesté que pour maintenir en paix & deuë obeissance les peuples de ces quartiers là, qui sont entierement Chrestiens, il falloit leur permettre de viure selon la loy Euangelique, & y tenir quelques Peres de nostre Compagnie, sans lesquels ils ne se pouuoient conseruer en ceste creance. Ce fut pourquoy les mesmes Gouuerneurs nous firent entendre que nous pouuions aller librement visiter lesdits Chrestiens, & y celebrer la prochaine feste de Noel. Car quoy qu'ils n'eussent pouuoir d'eslargir nos Peres qui estoient prisonniers à Vto, iusques à tant que Canzuiedono en eut autrement ordonné, si nous promettoient-ils tout amour & assistance en tout ce qu'ils pourroient, tandis qu'autre chose ne leur seroit commandée.

Depuis, Quambioiendono a tant fait par son authorité enuers le mesme Canzuiedono, qu'il l'a petit à petit rendu nostre amy, & traicté de l'eslargissement des nostres qui estoiẽt prisonniers. A cecy a beaucoup seruy le voyage d'vn de nos Freres, que le P. Visiteur enuoya expres vers Canzuiedono pour luy rendre conte de certains articles, desquels il desiroit estre esclarcy. Le premier duquel on l'instruisoit estoit de nostre maniere de vie, & de la fin pour laquelle nous demeurons au Iappon. Le second estoit cõme nous desirõs l'amitié de tous les Seigneurs Iapponnois, & particulierement depuis le retour du P. Visiteur en ces quartiers, nous nous estiõs par tous moyens efforcez de nous insinuer en la sienne; mais les querelles qu'il auoit auec le Sieur Augustin, ne nous auoient permis d'y trouuer entrée. Pour la troisiesme & derniere on luy alleguoit plusieurs belles & pertinentes raisons, pour lesquelles il n'estoit pas cõuenable que gẽs de nostre robbe se meslassent de faire rendre la forteresse d'Vto. Nos iustifications ainsi alleguées, pour conclusion nous le requerions qu'il daignast deliurer ceux qui n'ayant commis aucune faute cõtre luy, estoient neãtmoins detenus prisonniers, & qu'il luy pleust nous fauoriser desormais en ses terres, où demeuroient tant de Chrestiens.

Ceste information & requeste fut mise és mains du plus affectionné Seigneur qui suiue la Cour de Canzuiedono, lequel la trouuant fort ciuile & receuable, la fit aussi passer pour telle audit Cãzuiedono, qui ordõna soudain que nos freres fussent mis hors de prison. Mais pour faire paroistre qu'il le faisoit plustost en faueur de Quambioiendono, qui l'en auoit requis, que pour gratifier le P. Visiteur; auãt que dõner audience à nostre Frere, il deliura les autres, & les enuoya à Nangasaqui, leur disant qu'ils recogneussent ce bien comme à eux procuré par Quambioiendono, & qu'ils l'en remerciassent. Ce qu'ayant fait il receut nostre Frere qui l'estoit allé voir de la part du P. Visiteur, ouyt & aggrea les raisons qu'il luy allegua sur les articles de ses plainctes, & l'honnora fort, protestant ne nous auoir iamais voulu mal, mais ayãt esté iusques à ceste heure ennemy iuré du Seigneur Augustin, il n'auoit pas fait grand cas denostre amitié. Au reste qu'à l'aduenir il nous fauoriseroit en toutes occasions, & que nous en verrions des effects à son retour de la cour, où il s'en alloit en diligence.

Ceste nouuelle amitié contractee auec Cãzuiedono, & la deliurãce des nostres, ont faict prendre nouueau courage aux Chrestiens de ces quartiers, qui esperent totalement qu'il nous donnera lieu de residence en ses terres, ne souffrira plus que les Chrestiens y soyent vexez, ains se conuertira peut estre luy mesme, tant est grande l'opinion qu'il a conceu de nostre loy, & l'affection particuliere qu'il a porté à nostre robbe. Il estoit tant pressé de partir pour Meaco, que nous n'eusmes moyen de traicter auec luy comme nous pourrions resider en ses terres, aussi l'vsage du Iappon ne permet pas qu'à la premiere entreueue, on passe si auãt aux affaires. Le propre temps pour traicter de ce poinct sera quand le P. Visiteur enuoyera pour le remercier de la deliurãce des nostres; attendu mesmes qu'on ne sçait pas encore tout asseurement si ces terres luy demeureront, combien qu'il entreprenne son voyage auec ceste esperance. Si l'eſtat du Sieur Auguſtin luy eſt octroyé, nous ſommes aſſeurez de conſeruer, voire d'accroiſtre de beaucoup le nombre des Chreſtiens. Nous eſperons auſſi que Quambioiendono obtiendra de Daifuſama quelque bõne piece, pour ſa part, iaçoit que Cainocamo ſon fils aye ces iours paſſez eu le Royaume de Chieugen pour la ſienne.

Voila l'eſtat auquel ſe trouue maintenant le Iappon, quoy qu'il ne ſoit entierement paiſible, Daifuſama n'ayant encore finy de diſtribuer les Royaumes. Tous les plus grands Seigneurs ſont pres de luy à Meaco, chacun auec ſes pretenſions. Peut eſtre auant que la flotte parte, il y aura quelque nouueau chãgemẽt. Ce qui nous conſole grandement parmi ces reuolutions eſt que Dieu les dreſſe toutes au plus grand bien & accroiſſement de ceſte Egliſe, & afin que ces nouueaux Chreſtiens entendent que ſon infinie clemence permet toutes ces afflictions aduenir, pour en tirer plus grand fruict, & par le moyen de ces mutations d'eſtats, chefs & gouuerneurs d'iceux, eſpandre les Chreſtiens par diuers pays, à ce que par leurs bons exemples & conuersation, les infideles viennent à la cognoissance de nostre saincte foy.

Pour conclusion de la presente il faut que ie vous racompte (selon que i'ay cy-dessus promis) la mort de nostre bon & fidele amy le Sieur Augustin Tzucamidono, laquelle nous a causé grād' tristesse voyant que nous perdions en luy la principale & plus forte colomne que ceste nouuelle plante eut au Iappon. Si est-ce que la deuotion auec laquelle il a finy ses iours, & les euidents signes de salut que nous auons remarqué en ceste histoire, nous ont beaucoup allegé la douleur.

S'estant estimé comme obligé à prendre les armes pour le seruice de son feu Maistre Taicosama, & preuoyant bien neātmoins le dāger auquel il s'exposoit, auant que partir de Meaco pour aller à la guerre, il se confessa fort deuotement. Il pensoit tenir ja la victoire en main, & par le moyen d'icelle estant plus fort & plus libre que iamais, fauoriser beaucoup plus l'accroissement de la foy Chrestienne en ses terres. Ce fut pourquoy auant que liurer la bataille à son aduersaire, il escriuit à quelques gouuerneurs, & aux nostres qui estoient à Fingo, qu'ils trauaillassent hardiment pour conuertir le plus qu'ils pourroyent de Payens. Mais l'assaut ne fut pas si tost sonné, qu'on veid à l'instant l'armee des Regents mise à vauderoute, à cause de la trahison cy dessus mentionnee. Le Sieur Augustin se trouuant tout à coup hors d'esperance d'eschapper des mains de ses aduersaires, fut assailly d'vn esprit diabolique d'orgueil, luy soufflant que ce seroit vne grãde honte & deshonneur insupportable à vn tel & si vaillãt capitaine qu'il estoit au Iappon, de se laisser comme vn couard, prendre tout vif. Partant, qu'il se fendist luy mesme le ventre. Mais luy cognoissant bien que ce seroit vn tres-grand peché, & prisant plus l'honneur de Dieu que le sien propre, fit vn acte heroïque, se laissant prẽdre prisonnier, pour mourir depuis auec plus d'appareil. Il fut premierement conduict deuãt Cainocami, & le voyãt plein de compassion pour ce nouuel accident, luy dist: Vous sçauez bien Monsieur, quel ie suis esté, vous voyez bien à quel estat ie suis maintenãt reduit, ie vous supplie de tout mon cœur me faire vne faueur. Cainocami ne luy respondoit rien estimant qu'il le vouloit prier de luy obtenir ſa grace de Daifuſama. Qui fut cauſe qu'Auguſtin luy diſt ſoudain : Ce n'eſt pas pour ma vie que ie plaide; ie n'en tiens meshuy aucun compte. Si ie n'euſſe apprehendé l'offence de Dieu, & l'indignation de ſa Maieſté que i'euſſe encouru me desfaiſant moy meſme, ie ne fuſſe pas tõbé vif en vos mains. Ce que ie requiers eſt qu'il vous plaiſe me faire venir vn Preſtre pour me cõfeſſer: c'eſt le comble des cõtentemens que i'eſpere receuoir en ceſte vie. Cainocami luy promit de faire tout ce qu'il pourroit pour luy obtenir ceſte grace de Daifuſama, dequoy le Sieur Auguſtin fut fort content, & l'en remercia. Mais depuis Cainocami ne peut obtenir ce congé de Daifuſama, qui reſpondit que ce n'eſtoit choſe neceſſaire, & donnant en garde le Sieur Auguſtin à vn de ſes capitaines, deffendit de luy laiſſer, voire vn ſeul page pour le ſeruir en ceſte neceſſité. Quelques iours apres il fut conduict ſoubs bonne & groſſe garde à Ozaca, où il s'eſforça de rechef de ſe confeſſer, eſcriuant par pluſieurs fois à nos Peres, afin qu'ils prinſſent la peine d'aller ouyr ſa confeſſion. Quelques vnes de ſes lettres tomberent és mains de Daifuſama , lequel commePayen & idolatre ne ſçachãt que c'eſt que confeſſion , ny quelle choſe le Sieur Auguſtin nous demandoit ſoubs ce nom, en print ſi grande colere qu'il deffendit expreſſement qu'on ne dõnaſt à pas vn de nos Peres commodité de parler au Sieur Auguſtin. Tellement qu'il ne nous fut iamais poſſible de ſatisfaire à ſon deſir, quoy que nous euſſions recherché tous les moyens du monde. Luy dõc ſçachant bien qu'en ſemblables cas il deuoit proçurer d'auoir contrition de ſes pechez, & par le moyen d'icelle obtenir de Dieu la remiſſiõ d'iceux, ſe print à la rechercher à bon eſcient, employant vne partie de ſon temps à pleurer amerement ſes pechez, l'autre à dire ſon chappelet, l'autre à faire quelques autres deuotions, & ſur tout s'efforçant touſiours de ſouffrir patiẽment & courageuſemẽt toute ſorte d'iniures, voire la mort pour ſatisfaction de ſes fautes. Enquoy il ſe monſtra touſiours ſi conſtant & courageux, que les Gentilshõmes Payens qui le viſitoyent, en demeuroient tous eſtõnez. On ne remarquoit en tous ſes diſcours autre choſe qu'vn ardent deſir de son salut, & de se pouuoir confesser.

La sentence de mort ayant esté prononcee contre Augustin, Gibunoschio & Ancocugi, on les mena premieremẽt tous trois sur trois iuments par les rues d'Ozaca, & depuis sur trois charrettes, par celles de Meaco. Ce qui est tenu pour vn grand deshõneur & ignominie, principalement quand cela est faict à quelques Seigneurs & personnes de qualité. Gibunoschio marchoit le premier comme chef de la rebellion, vn peu apres suyuoit Ancocugi, Augustin venoit le dernier. A chaque carrefour le trompette publioit que ces trois personnages estoient menez au supplice pour auoir conspiré contre le repos de la Tenze. Les deux premiers, fut par faute de courage, fut parce qu'on les outrageoit & maltraictoit fort, monstroient bien par leur sanglots & changemens de visage, combien ils apprehendoient le pas de la mort. Quant au Sieur Augustin quoy qu'on luy dist, quoy qu'on luy fist par les rues, il ne changea iamais de contenance. Tellement que chacun remarquoit à l'œil la difference qu'il y auoit entre ces personnages.

Comme ils s'approchoyent du lieu deputé au supplice, qui estoit dans la ville de Meaco, Vn Chrestien enuoyé tout expres par les nostres, se fourra parmy les soldats du guet, si bien qu'il accosta le Sieur Augustin, & luy fit entendre comme nos Peres auoient fait toute la diligence possible pour l'aller confesser, mais en vain, par ce que les gardes n'auoient iamais voulu permettre qu'õ luy parlast à raison de la deffence faicte par Daifusama. Il l'exhorta de plus à s'exciter soy-mesme à la contrition de ses pechez en ceste derniere heure. Augustin apres auoir remercié nos Peres de la bõne souuenance qu'ils auoient de luy, & du salutaire aduis qu'ils luy auoient dõné, luy dist que n'ayant peu obtenir vn confesseur, il s'estoit ia disposé à la mort, en la mesme façon qu'il luy disoit, & que durant sa prison nostre bon Dieu luy auoit faict sentir vne si viue douleur des offenses commises contre sa Maiesté, & luy auoit donné si certaine confiance de son salut, qu'il s'en alloit mourir tout content & fort consolé.

Comme on leur faisoit poursuyure leur dernier voyage, voicy certains Bonzes qui se presentent à eux, pour leur appliquer certaines ceremonies superstitieuses, desquelles ils ont coustume d'vser en semblables cas. Ils les firent sur Gibunoschio & Ancocugi tout à leur ayse, mais comme ils se voulurent approcher d'Augustin, il les renuoya brusquement, disant qu'il estoit Chrestien, & detestoit toutes ces inuentions diaboliques. Et soudain commença à dire haut & clair le Pater noster, & le reste de son chappellet qu'il portoit en main, à la confusion des Bonzes.

Arriuez qu'ils furent au lieu de l'executiõ, voicy vn autre Bonze, & des principaux, qui n'auoit coustume de sortyr de son logis que bien raremẽt, & ce pour se trouuer à la mort de quelque grand Seigneur, lequel accompagné de quelques autres Bonzes de sa secte, fit ie ne sçay quelles sottises à l'ẽtour de Gibunoschio & Ancocugi, puis leur donna à baiser vn gros bouquin de liure, q̃ ceste aueuglée gentilité tient pour vne chose saincte. Tandis le Sieur Augustin poursuyuoit à dire son chappellet, tenant en main vn beau petit tableau de nostre Seigneur & nostre Dame, images fort deuotes qu'il portoit tousiours auec soy. Nous l'auiõs jadis eu de la Serenissime Royne de Portugal, Madame Catherine, seur de Charles le Quint. Le Bonze s'approcha de luy pour faire le mesme qu'il auoit faict aux autres, & luy mettre ceste grosse & grasse paperasse sur la teste, mais le Sieur Augustin le rebutta promptement, luy disant qu'il s'ostast de deuant luy, & le laissast viure & mourir en la foy Chrestiẽne qu'il professoit. Puis haussant à deux mains & fort deuotemẽt son petit tableau, le mit trois fois sur sa teste, recommandant son ame à Dieu nostre createur: esleua ses yeux au ciel, où ayant quelque temps arresté sa veuë, la tourna vers le tableau, puis s'estant mis à genoux, & inuoquant les saincts nom de IESVS & de Marie, sans changer de visage, tendit son col au bourreau, qui à trois coups luy trencha la teste.

Son corps fut soudain couuert d'vne robbe de soye, & porté à nostre maison de Meaco, où il fut receu auec beaucoup de larmes, & honorablement enseuely auec les ceremonies vsitées en la Saincte Eglise Catholique. On a dict plusieurs Messes pour son ame, tant à Meaco qu'aux autres residences de nostre compagnie. Dans la susdicte robbe fut trouuée vne lettre cousuë, addressante à Madame Iuste sa femme, & à ses enfans, de laquelle i'ay extraict ce qui s'ensuyt.

Ie ne sçaurois coucher par escript cõbien i'ay souffert & souffre encore, à raison de ce tãt inopiné cas & accident, qui m'a faict boire les plus ameres larmes, & souffrir les plus aspres tourments qui pourroiẽt accabler vne pauure creature durant ceste vie. I'espere payer icy vne bonne partie des peines de Purgatoire; recognois que mes pechez m'ont cõduit à ce pauure estat, & partant reçois pour vn singulier benefice de la diuine misericorde la penitence & les trauaux que i'ay supporté ces iours passez; & la remercie infiniment de la douceur, de laquelle il luy plaist vser enuers moy. Ce qui vous importe le plus est que desormais vous seruiez tous Dieu de tout vostre cœur, vous souuenant que les choses de ce mõde sont fort instables & passageres. Ce sont les propres termes du Sieur Augustin en sa lettre. Pour la faire tomber és mais de sa femme, il auoit recommandé à vn sien confident, de la chercher dans ſa robbe quand on l'enſeueliroit; ainſi fut elle trouuée.

Voyla comme finit le Sieur Auguſtin, perſonnage fort courageux & magnanime de ſon naturel, & bien entendu au faict de la guerre; Parties entre autres qui le rendirent vn des grands Seigneurs de Schimo, fort eſtimé & tres-biẽ venu aupres de Taicoſama, qui s'en ſeruoit volontiers en ſes plus grandes entreprinſes, pour la valeur & fidelité qu'en luy remarqua, comme le Sieur Auguſtin s'eſtoit preparé à la mort, ne firent pas de difficulté d'aſſeurer qu'ils l'euſſent volontiers acceptée auec luy, s'ils euſſent peu auoir aſſeurance de mourir ſi bien preparez. Nous eſperons que noſtre bon Dieu ayant ietté l'œil de ſon infinie miſericorde ſur les diligences que le Sieur Auguſtin fit pour ſe confeſſer, & ſur la douleur & repentance qu'il eut de ſes pechez, luy aura donné en ſon eternelle gloire vn eſtat bien different de celuy du Iappon, qui eſt ſubiect à tant de viciſſitudes & reuolutions; & le faict maintenãt iouyr du prix & recompenſe des peines qu'il à ſouffert en ce monde.

Ceſte Tragedie ne print pas fin en la

mort du Sieur Auguſtin. Car peu de iours apres icelle vn ſien fils aagé ſeulement de douze ans, ieune Seigneur de tres-grãd-de expectation, s'eſtant ſoubs la parole de Morindono retiré en vn ſiẽ Royaume voſin de Firoſchima, auec quelques ſiẽs ſeruiteurs Chreſtiens, fut trompé, ou pour mieux dire trahy par quelques vns qui ſoubs ombre de le faire conduire du lieu ou il s'eſtoit premierement retiré, en auoit experimenté en luy. Il eſtoit fort enclin à la compaſſion, aymoit les pauures, & leur faiſoit de bonnes aumoſnes. Les Seigneurs du Iappon ont couſtume de tuer leur ſeruiteurs à la moindre occaſion qu'ils leur donnent: Mais Auguſtin eſtoit ſi debonnaire, qu'ils ne le fit iamais, quoy que les ſiens le meritaſſent; ains auoit faict vne ordonnance par laquelle il deffendoit à ſes ſubiects de condamner perſonne à mort, auãt que le crime fut examiné par trois officiers par luy cõſtituez pour ceſt effect. Il recommanda le meſme aux autres Seigneurs qui eſtoient ſoubs ſa protection, ſçachant combien il eſt neceſſaire au Chreſtien d'eſtre retenu & reſerué en ceſt endroict.

Quant aux choſes qui concernoient

le salut de son ame, jaçoit qu'il fut quasi tousiours occupé, & le plus souuent en guerres, si en eut il tousiours vn tel soing, qu'il monstra bien en toute sa vie, & particulierement se preparant si deuotemēt à la mort, que c'estoit la plus grande sollicitude qu'il eut. Deux pages de Daifusama, qui auoient quelques iours auparauant receu le sainct Baptesme, ayant vn autre plus asseuré, le menerent auec vn sien page & vn seruiteur à Ozaca, où estoit Morindono, qui luy fit secretemēt trencher la teste, pour la presenter à Daifusama, lequel nō seulement ne voulut receuoir vn si abominable present, ains se monstra fort marry de la mort de ce ieune innocent, & dict que celuy qui en estoit cause, meritoit vne tres-griefue punition. Ce qu'entendant ceux qui a-uoiēt porté cest infame presēt, tournerēt finemēt au rebours la fin de leur ambassade, disāt que Morindono auoit retenu prisōnier en ces terres ce ieune Seigneur, l'ayāt trouué fuyant pour se sauuer: puis cōme ont l'eut mené à Ozaca pour le presenter vif à sō Altesse, qu'il s'estoit fendu le ventre: partant on luy presentoit seulement la teste. Daifusama se paya pour lors de ceste bourde, estimant que ce fut la verité, mais depuis il fut entierement informé du faict, & trouua chose fort indigne & barbare de faire tuer vn innocent, qui s'estoit retiré dans les terres d'autruy, auec saufconduict du Seigneur d'icelles.

Ce qui nous console aucunement en ce tant estrange accident, est que ce ieune Seigneur mourut en tresbonne disposition. Nous le croyons ainsi à raison des propos qu'il tint auec vn de noz freres qui estoit party de Firoschima pour l'aller veoir, & se trouua pres de luy, quād les bourreaux enuoyez par Morindono le prindrent pour le mener à Ozaca. Car nostre frere se doubtant bien que ce n'estoit pas pour le mener en lieu plus seur, ains pour le conduire à la mort, que ces gens l'estoiēt venus chercher; il le voulut consoler. Mais ce ieune Seigneur commença d'vn courage beaucoup plus constant que son aage ne permettoit, à consoler son consolateur, le priant de ne se mettre en peine pour luy. I'espere dict il, que la diuine clemence aura pitié de moy: il n'y a pas long temps que ie me suis confessé, ie ne crains point la mort;

ains me fiant que l'ame de mon pere est au ciel, desire que la mienne luy aille tenir compagnie, apres que i'auray patiemment souffert icy la mort.

Voyla tout ce que nous auions pour maintenant a vous escripre de la Chrestienté de ces quartiers, & de nostre Compagnie, nous recommandant tous humblement aux saincts sacrifices & oraisons de vostre paternité, & luy demandãt sa saincte benediction. De Nangazaqui ce vingt & cinquiesme iour de Feburier mil six cens vn.

ADVIS

ADVIS DV ROYAVME ET DE L'ESTAT DV GRAND ROY DE MOGOR, successeur du grand Tamburlan : & d'autres Royaumes des Indes à luy subiects.

De la personne, qualité, & coustumes dudict Roy, & des grands signes de sa conuersion à la Foy Chrestienne.

Tirez de plusieurs particuliers aduis enuoyez à Rome, & traduits d'Italien en François.

PAR les lettres qu'ont escript du passé les Peres de la Compagnie de IESVS, qui demeurent és Indes Orientales, & au Iappon, on a sceu le grand desir que monstroit le Roy de Mogor d'auoir cognoissance de noſtre foy, &religion Chreſtienne, qu'il luy fuſt declaré en quoy elle conſiſtoit, & quel eſtoit ſon fondement, veu qu'elle eſtoit eſbranlée & ſuyuie par ces peuples Orientaux, à fin de ſçauoir ce qui eſtoit de ſon deuoir pour ſe ſauuer, & pour en faire quelque ſaincte reſolution. Pour ceſt effect l'an 1580. luy furent enuoyez de Goa, ville capitale des Indes, quelques Peres de ladicte compagnie qui y demeurerent quelque temps. Semblablement luy en furent par apres enuoyez d'autres l'an 1591. mais pour diuerſes occaſions ils s'en retournerent, ne pouuans rien effectuer. Neantmoins pour autant que ce Roy de Mogor perſeueroit en ſon bon deſir, & de rechef faiſoit inſtance, luy furent à ceſte occaſion enuoyez l'an 1595, quelques autres peres, leſquels de nouueau donnent aduis de ce qui ſe paſſe en ces quartiers là. Et par ce que ce Roy donne grande eſperance de ſa conuerſion (comme il ſe peut veoir par leſdictes lettres) Il nous a ſemblé fort conuenable, à fin que ceux qui ſont deſireux de l'accroiſſement de la ſaincte foy, & du bien de la saincte Egliſe, recommandent ardemment ceſt affaire à noſtre Seigneur, de leur donner quelque cognoiſſance de ce grand Roy de Mogor, de ſon Royaume, puiſſance, & loy; & auſſi de ſes couſtumes, & des ſignes qu'il à touſiours donné de ſa conuerſion, ainſi que l'auons apris des lettres qui ont eſté iuſques à preſent eſcrites dudict lieu par leſdicts Peres, és années 1582. 1591. & 1595.

Ce Roy ſ'appelle Mahomet Zelabdin Echebar (qui eſt le nom propre) Roy de Mogor. Il deſcend par deoitte ligne de ce grand Tamburlan, duquel parlent tant les hiſtoires, qui faiſant la guerre contre Baiazet premier de ce nom, le ſurmonta en chãp de bataille, le print & l'emmena priſõnier en ſon Royaume, où il le tint enclos dans vne cage de fer, & lors qu'il prenoit ſon repas le faiſoit demeurer ſoubs la table, luy iettãt quelque relief comme à vn chien, & quãd il vouloit monter à cheual, luy faiſoit preſter l'eſchine, s'en ſeruant comme de marche-pied pour prẽdre ſon aduãtage. D'abõdãt il le faiſoit trainer derriere ſoy par tout où il alloit encheſné auec des cheſnes d'or. C'eſt Echebar eſt le huictieſme Roy apres le ſuſdit Tamburlan, qui bailla commencement à ceste Monarchie, & duquel ce Roy à prins son origine ou bien comme les autres disent, c'est le sixiesme nepueu de Tamburlan.

Ledit Echebar nasquit en la Prouince appellée Chacata, de laquelle le peuple est Turc, le menu peuple de ce Royaume parle Turquesque, mais non pas si proprement que les Turcs naturels.

Sa Noblesse & ceux de sa Cour, parlent le langage Persan. Le parler des hommes lettrez est Arabique, par ce que l'Alcoran est escrit en ceste langue, comme aussi les autres liures qui traittent de ceste loy. La Prouince de Chacata est située entre les Tartares & les Perses.

Le Royaume de Mogor est situé au beau milieu de quatre Royaumes. Du costé d'occident, il à l'Inde Superieure, & le Royaume de Perse, qui toutesfois tire plus vers le Septentrion: du costé du Leuant, il a l'Inde inferieure, laquelle confronte d'autre part au Royaume de la Chine, deuers le Septentrion, il a le Royaume de Tartarie dōt le Roy est surnōmé le grand Cham: du costé de Midi il a le grād Ocean, & vn coing de terre ferme que les vns appellent Pizo & qui s'estend bien auant dans la mer. Il confronte au Royaume de Calicut, & à costé, tournant plus vers le leuant, est le Royaume de Golse de Vangala.

Le Roy Echebar dés l'an 1582. que les premiers Peres allerent là, estoit aagé enuirõ de 40. ans tellemẽt qu'à present que comptons 1597. il a enuiron 55. ans.

Il est fort robuste, plein, & de mediocre stature. Il porte en teste le turban: & son vestement est tissu d'or, sa cazaque luy va iusques aux genoux : ses bas de chausses sont faicts à nostre façon, mais les hauts descendent iusques aux talons, ses souliers sont d'vne façon fort extrauagante & de son inuention. Pour ornemẽt de teste il porte de grosses perles qui entourent son front, il a tousiours le poignard à sa ceincture, ou pour le moins le tient pres de soy, & souuent en main. Il a continuellement au tour de soy ses gardes lesquelles il change chasque iour, comme aussi les officiers de sa maison. Il prent plus de plaisir de se vestir à nostre mode qu'à la Turquesque, mais en son priué il se vest à la Portugaise, & pour l'ordinaire de soye noire. Dés l'an 1582. ce Roy auoit trois fils masles, & deux filles: son aysné qui doit succeder à la Couronne, est à present aagé de 32. ans, se nomme Siercho auquel pour tiltre d'honneur, on adiouste, Gio, comme en quelques pays, Dom, qui signifie l'ame. Et partant on l'appelle Siercho Gio, c'est à dire, l'ame de Siercho.

Le puisné du Roy qui s'appelle Pahari, pour lors aagé de 13. ans, apprenoit la langue Portugaise, & auec icelle les choses de nostre saincte Foy, à laquelle il se monstroit fort affectionné, & promettoit de grands fruicts de soy pour estre de fort bonne & affable nature, & de grand esprit.

Le dernier fils s'appelle Dan, ou Daniel. Ce Roy de Mogor est seigneur, non pas seulement d'vn Royaume, mais de plusieurs conioints ensemble, desquels ceux-cy sont les principaux, sçauoir est le Royaume d'Industant, le Royaume d'Agra, le Royaume de Mendao, fort ancien, au milieu duquel y a vne cité fort fameuse contenant de circuit 30. mille, qui sont dix lieuës. D'autres disent qu'elle à trente six mille de tour, qui sont douze lieuës.

Les autres Royaumes principaux ſont, le Royaume de Lahor, ou pour le plus ſouuent le Roy auec ſa Cour fait ſa reſidence, le Royaume de Cambaya du coſté d'Occident, lequel depuis peu de temps le Roy Echebar à cõqueſté, comme auſſi celuy de Vengala.

Il a d'abõdant pluſieurs autres Roys gentils, & ſeigneurs, leſquels en diuerſes guerres il a ſubiuguez, ſauf quelques vns d'iceux, qui ſe ſont rendus ſes vaſſaux, & tributaires de leur gré, craignants que par force il les y contraignit. Ils demeurent à la Cour du Roy Echebar, & par ce qu'il vient fort heureuſement à bout de ſes entreprinſes, les Roys circonuoiſins le redoutent, & luy enuoyent des preſents, ou bien luy payent tribut.

On a compté à ſa ſuite vingt Roys gentils, qui l'accompagnent de çà & de là, & pour l'ordinaire ſont à ſa Cour: Chaſqu'vn d'iceux eſt auſſi grand, & puiſſant que le Roy de Calicut, & outre ceux la il en y a pluſieurs autres qui reſident chaſqu'vn en ſon propre Royaume & à ceſte occaſion payent tribut. Il employe volontiers ces Roys, qui ſont pres de ſa perſonne, donnant à entendre qu'il se fie beaucoup à eux:au moyen dequoy il les reçoit familierement en son palais, qui est vne faueur qu'il ne fait à pas vn des Mores. D'où l'on peut coniecturer qu'il est plus gentil que Mahometain. Tout ce Royaume de Mogor est posé entre deux grands fleuues: l'vn est le fleuue Inde, que les habitãts de ce pays appellent en leur langue Scind: L'autre est le Gange, qu'ils appellent Ganga.

Les anciens ont appellé ce pays de Mogor l'Inde citerieure, sçauoir est tout ce quartier qui s'estend iusques à la riuiere d'Inde: Quelques graues auteurs disent que l'Apostre S. Barthelemy a presché l'Euangile en ceste contrée là. Elle a du costé de Septentrion les Tartares, vne montagne entre deux, nommez les Bothans, peuple docil & bon. Le premier motif qui excita les premiers Peres de la compagnie, à rechercher les moyens de pouuoir passer à ceste contrée, pour y annoncer l'Euangile, fut qu'ils entendirent comme les hommes y son enclins à pieté, & fort misericordieux à l'endroit des pauures: & quãd & quãd estimerent que ceste inclination naturelle aux bonnes œuures, estoit vne belle dispsiotion pour les gaigner à Iesus-Christ.

Ces hommes là sont blancs de visage, & parmy eux n'habitent aucuns Mores: ils sont vestus de certaines cazaques à la Turquesque si estroittes & serrées contre la chair, qu'on n'y sçauroit appercevoir aucun ply: & iamais (qui est chose merueilleuse) ne les despouillent, les gardans de iour & de nuict sur le dos, iusques à ce que par long vsage cest habit tout pourry tombe en pieces. Leurs bonets & chappeaux sont pointus en façon de piramide: ils ne lauent iamais les mains, à raison (disent-ils) qu'il n'est pas conuenable qu'vn element si pur que l'eau, soit souillé d'aucune ordure ou salleté. Ils n'ont qu'vne femme, de laquelle ayãs eu deux ou trois enfans, n'en vsent plus, viuans auec telle continence & chasteté, comme s'ils estoient freres & sœurs. Si l'vn d'iceux vient à mourir, l'autre qui est suruiuant, soit homme ou femme, ne se peut remarier. Ils n'ont point d'Idoles, & habitent dans les forests & campagnes à la façon de ceux du Brasil. Quand quelqu'vn d'eux est trespassé, ils se retirent vers les Augurs, pour sçauoir ce qu'ils doiuent faire du corps du trespassé. Ces Augurs fueillettent les brouillards de leurs liures, cõme pleins de sapience diuineresse: si la responce porte qu'il doiue estre bruslé, ils le bruslent, ou en font autrement, suiuant le dire des Augurs, iusques à manger ledict corps sans aucune difficulté ou charge de conscience, bien que pour aucune autre raison ils ne mangent la chair d'homme comme, font les Anthropophages.

Ces Botthans icy sont en couleur & autres qualitez, semblables aux hommes de l'Europe. Ils font la guerre à pied, leurs armes sont l'arc & l'espée: leur vaissèlle, plats & escuelles, sont d'os, & leur tasses de teste de mort. En Esté ils portent vendre és villes de Negariots, Calamur, & autres lieux circõuoisins de la montagne, ce qu'ils ont fait en temps d'hyuer, qui sont des accoustremens, & en ceste façon gaignent leur vie, & le moyen de secourir les pauures necessiteux, ausquels volontiers ils font part de leurs moyens: durant l'hyuer ils ne bougent de leurs maisons, à cause de la neige qui couure tout.

Du coſté de midy ce Royaume confronte à celuy de Calicut, qui eſt enuironné de la mer Oceane: du Leuant il a le golphe de Vengala, qui eſt par delà celuy de Perſe, tirant plus au Leuant, & qui eſt beaucoup plus grand. Il y a de fort beaux & bons ports.

Il y a grande quantité de meures, peſches, raiſins, groſſes ceriſes, & autres fruicts, comme limons, citrons & Oranges, & toute ſorte d'herbes potageres, ſauf les laictues & blettes: le ſuccre y eſt en grande abondance.

Ce Royaume a neuf cens lieuës de tour ou enuiron: de longueur ſix cents, & ſa largeur eſt de quatre cents lieuës, chaſque lieuë faiſant trois mille d'Italie.

Quant au Royaume d'Induſtant, il eſtoit iadis gouuerné par des Roys Chreſtiens, qui furent ſubiuguez & chaſſez par les Parthes. Le dernier Roy d'iceux s'appelloit Dauid, qu'on penſe eſtre deſcendu de la meſme race que S. Barthelemy Apoſtre. Les ſucceſſeurs de Tāburlan ont eſté trauaillez de guerre fort lōg tēps par les Parthes, & furent contraincts de ſe retirer au pays de Cabul, qui confronte auec la Perse & l'Inde, mais iceux tournant le visage à leurs ennemis, conquirent sur les Parthes la terre ferme qui est ce Royaume de Mogor, posé entre l'Inde & le Gange, comme dit est.

Quand le Roy Echebar veut faire la guerre, il a bien dequoy pour venir à bout de ses entreprises, parce que (comme nous auons dit) il a plusieurs Seigneurs & vaillāts Capitaines en sa Cour, & chasqu'vn d'iceux entretient de dix à douze mille cheuaux, & quelques vns iusques à quatorze mille. Les autres qui sont de moindre puissance, en ont pour le moins de sept à huict mille, auec bon nombre d'Elephants que chacun d'eux nourrit. Outre ils laissent plusieurs milliers de Cheualiers és garnisons.

Ce Roy tout seul mene en guerre cinq cens Elephants armez pour combattre, comme il fit lors qu'il s'en alla contre son frere. Ce nombre est encor bien petit, au regard de ceux qu'il entretient en son Royaume, qui sont en nombre plus de cinquante mille, pour toutes occurrences. Or d'autant que son Royaume est de si longue estenduë que nous auons dict, & comprend en soy plusieurs peuples & nations, il ne se faut pas estonner s'il s'y trouue grande diuersité de coustumes & sectes, sçauoir est des Mores, Mahometains, Bachains, & autres peuples voisins des Tartares, qui se seruent en guerre de cheuaux de Tartarie, forts à merueilles, & propres à supporter le trauail, mais d'vne couleur laide, maigres & desplaisants à voir.

Quant à l'artillerie le Roy en faict tousiours conduire en grand nombre, & a coustume de la mettre à la teste de l'armée: les Elephants lors qu'ils sont menez en guerre ont sur leur front, pour se garantir des coups, des lames de fer ou de cuir fort dur: ceux qui les gouuernent & conduisent sont armez de fer, de corcelets ou bien de cottes de maille. Chasque Elephãt porte sur soy pour le moins quatre arquebusiers auec grosses arquebuses & mosquets, ou bien autant d'archers à sagette.

Ces Elephans ne sont iamais mis à la teste de la bataille, partie afin que leur excessiue grandeur n'empesche la veuë de l'ennemy, partie aussi pour euiter le desordre qui suruiendroit en l'armée s'il aduenoit que lesdits Elephans fussent tuez ou blessez, mais on les met à l'arriere-garde pour estre le soustien de toute l'armée. Car si l'ennemy vient à enfoncer l'auant garde & le gros de l'armée, alors on lasche de tous costez vne trouppe de ces bestes armées, pour soustenir l'effort de l'ennemy. On a aussi coustume de lier des espées aigues & trenchãtes à la trompe de ces Elephants, & des poignard à leurs dents d'yuoire, qui de tous costez leur sorttent hors la bouche. Et iaçoit qu'ils n'eussent aucunes armes, si est-ce qu'auec leur seule trompe, ils font vn grand degast, parce qu'auec icelle ils leuent en l'air tout ce qu'ils rencontrent, & par apres auec vne grande violence le iettent par terre, le fraquassans & mettans en pieces par ce moyen.

Ces bestes heurtent aussi comme Beliers ce qui semble plus roide qu'eux, & apres auoir ietté quelqu'vn par terre, le foulent aux pieds.

Le reuenu que ce Roy tire de ses subiets est merueilleusemẽt grãd, parce que son Royaume abonde en toute sorte de marchandise, & notamment en espicerie, poiure, gingembre, canelle, & autres drogues. Il est riche en toute sorte de metal, cotton, tapisseries, draps de soye, perles & pierres precieuses. De la Tartarie & pays des Perses vient vn grād nombre de bons cheuaux en ce Royaume. Ceste affluence de biens, fait que ce Monarque serre chasque an dans les coffres de son espargne, beaucoup de millions, toutes charges du Royaume faites & acquitées. Et auec toute ceste cheuance, ce qui plus est à remarquer, est que ce grand Roy se maintient dās les limites de modestie, en telle sorte qu'on ne peut remarquer en sa personne fierté ny arrogance. Il ne fait pas grand cas de soy: son vestement & maintien est fort modeste, & quasi pareil à celuy des autres. Quant à son māger & boire, il s'accorde auec tout ce que dessus, quoy que le seruice qu'on luy faict, soit splendide & vrayement Royal. Car la vaisselle auec laquelle on le sert est fort riche, estāt apportée de la Chine, sa table est couuerte de quarante ou cinquante plats, chacun d'iceux est enueloppé & enuironné d'vne seruiette liée, laquelle est seellée du seau du Maistre d'hostel, ou bien du premier cuisinier, & sont portez par des pages marchants deuant l'escuyer & grand Maistre.

Ce Roy a beaucoup de belles parties: il est de grand iugement, prudence & entendement, tres-aduisé, fort affable, fort magnanime & genereux, de sorte que si on regarde la prudence, la magnanimité & la valeur. On n'y peut rien desirer dauantage: il est facetieux, familier, amiable, & auec cela tient sa grauité & seuerité. Il est fort enclin au bien, amy de toutes les nations estrangeres: mais particulierement des Chrestiens, desquels il veut auoir tousiours quelques vns aupres de soy. Il n'y a aucune chose qu'il ne sçache faire, soit de ce qui concerne la guerre, ou qui appartient au gouuernement, aussi de quelque art mechanique que ce soit: mais particulierement il prend vn singulier plaisir de faire des arquebuses, ietter en fonte, & monter artilleries. On forge en son Palais des arquebuses & des espées. Il est encores fort entendu à disputer des Loix & diuerses sectes, dont il est grandement curieux, & ce qui est plus esmerueillable, est, qu'il n'est pas homme de lettre, ne sçachant pas mesmes l'alphabet, & neantmoins il ayme fort les Docteurs, si bien qu'il en a tousiours douze pres de soy, lesquels proposent ordinairemēt en sa presence diuerses questions, disputans tousiours de quelque nouuelle matiere, qu'ils mettent en auant, ou bien racomptent diuerses histoires qui peuuent seruir pour acquerir la cognoissance de plusieurs choses, auec la prudence & experience qu'il a.

S'il se trouue quelques hommes au pres de luy suffisants & aptes à quelque office, ou qui soient ingenieux & industrieux en quelque exercice que ce soit (encore qu'ils soient de basse condition, ignobles & estrangers) il les faict ses familiers, & les tient pres de luy, les entretenant & leur dõnant quelque charge, & les aduance en honneur : mais afin qu'ils ne s'enorgueillissent ou deuiennent insolents, il veut que chacun porte vn signe de son premier estat & condition, & face porter deuant soy l'instrument de l'art qu'il auoit accoustumé d'exercer. Comme par exemple son Admiral, lequel auparauant estoit de basse condition & chef de ceux qui faisoient des iaauelines, à present sortant de sa maison & allant dehors, fait porter tousiours deuant soy vne iaueline, & ainsi des autres mestiers. Quant aux villageois, & iardiniers, il veut qu'ils portent deuant eux vne houë, &c. Et pour le regard du faict de la Iustice en son Royaume, il en est tres zelé obseruateur. En la Cité ou il fait sa residence, il ne se peut iuger aucun procez, ny donner aucune sentence, qu'il n'en ait dict son aduis, & pareillement sans luy on ne peut punir aucun malfaiteur. Il est tres consideré quant à punir, & depuis qu'il a consigné le coulpable entre les mains du Iuge, & de la Cour pour estre chastié du dernier supplice, ou bien estre mutilé de quelque membre, il veut estre aduisé trois fois pout le moins, auant qu'on le mene au supplice. Ceux qui sont plus peruers, & ont commis des crimes plus enormes, il les fait ietter aux Elephants, pour estre par iceux foulez aux pieds & fraquassez, comme aussi ils ont de coustume de faire en guerre à l'encontre de leurs ennemis, ou bien ils les transpercent par le milieu, & les empalent auec des pieux tres aigus. Aux larrons & couppeurs de bources on leur couppe la main qui a commis le delit. Quant aux adulteres, homicides & brigands, on les met en croix, ou bien on leur trenche la teſte, ou on les eſtrangle: mais les autres moindres mal-faicteurs, qui n'ont commis que quelque legere faute, ſont chaſtiez à coups de baſtons & tres bien fouettez, & apres on les laiſſe aller. Rarement ce Prince ſe met en colere, mais quand l'ire le ſurmonte, on ne peut dire combien grande eſt ſa colere. Ce qu'il a de bon en cecy, eſt qu'il ſe remet promptement, eſtant ſa colere brieue, & qui luy paſſe bien toſt, parce que veritablement il eſt de ſa nature fort humain.

Il eſt de ſa complexion fort ſubiect à melancholie, & oppreſſion de cœur: & partant cherche diuers esbats & paſſe-temps pour ſe recreer & reſiouyr, & par ainſi va quelque fois auec pluſieurs Cheualiers d'vn coſté & d'autre. Ils paſſent leur temps à certain ieu qu'on appelle la Chiocha, iettant & reiettant certaines boulles de bois auec vne pallette propre pour cela, en faço qu'elle ne touche poit la terre. Car le ieu eſt perdu du coſté de ceux à qui cela aduiēt. Autresfois il prēd ſon plaiſir à voir le cōbat des Elephants, & autres beſtes qui cōbattent enſemble, tantoſt à voir iouſter des bufles ou des cerſs, des coqs ou des moutons. Ores il prend ſon esbat à regarder ceux qui luittent, ores ſe plaiſt à veoir iouer aux gormades & coups de points.

Auſſi de veoir l'esbat des gladiateurs qui combattent à outrance, à ſçauoir ceux qui par enſemble ſe tirent de grāds coups d'eſpee, cōme on faiſoit au temps des anciens Romains, & autres ſemblables exercices. Il eſt addonné à la chaſſe des beſtes ſauuages, deſquelles ce pays eſt tres-abondant, & allant à la chaſſe ſe ſert pour prendre les beſtes ſauuages des Panteres, pour autant qu'en ce pays, on n'vſe point de chiens couchants, ny de leuriers. Quant à la chaſſe d'oyſeaux il n'y prend pas ſi grand plaiſir, encore bien qu'il ayt grande quantité d'oyſeaux de proye, & de tres-bons fauconniers, leſquels ſont ſi expers, & pratiqués, qu'auec certaines ſagettes non empennees ny garnies de fer, qu'ils iettent en l'air, touchent infailliblement l'oyſeau cependant qu'il vole.

Ce Roy de Mogor abhorre grandement la ſecte de Mahomet, comme ayāt deſia deſcouuert ſa fauceté & grande tromperie, & eſt deliberé de la changer. Partant il a faict ruiner toutes les Mosquees de son pays, & les a conuerties en estables, & autres lieux de tres vil exercice. Comme aussi les Alcorants qui sont tous pour appeller le peuple à leurs prieres.

En ceste façon il demeure douteux en son ame, & comme suspens vers quelle secte il se doit tourner, & quelle est la vraye loy, recognoissant bien & confessant qu'il y a vn Dieu, premiere cause & souuerain Seigneur de l'vniuers (ce qu'il tenoit encores selõ la loy de Mahomet) il veut estre plustost Gentil, qui est l'autre loy de son peuple, non pas pour adorer les Idoles, cognoissant bien que c'est vne pure vanité, mais pour adorer le Soleil, comme cause vniuerselle de toutes les choses qui sont engendrees & produites en ce bas Monde, & comme la principale creature entre les visibles que Dieu a creez plustost que Mahomet faux Prophete. Ayant ouy parler de toutes les Loix qui sont au monde, entant qu'il a peu, aucune d'icelles ne luy aggree dauantage que l'Euangelique & Chrestienne, combien qu'il y ait quelques doutes, pour autant qu'on n'a peu iusques à preſent traitter auec luy au long & commodement des myſteres de noſtre foy, pour la dificulté de la lãgue, & pour pluſieurs autres reſpects, mais on a eſperance, & y a beaucoup de coniectures, qu'il ſe doiue conuertir, & prendre noſtre ſaincte foy pour pluſieurs ſignes qu'il en a donnez iuſques à preſent. De la vient que du cõmencement il vouloit, & a demandé auec grande inſtance aux Ieſuites vn hõme Chreſtien docte en la langue Arabique, & Perſiéne, inſtruit en noſtre Loy, & en la ſecte de Mahomet, afin qu'il, traitãt auec luy pour ſe reſoudre tout à faict. La raiſon, motif & premiere origine pourquoy il eſt enclin à prendre & embraſſer la Loy Chreſtienne, & s'y mõſtre ainſi affectiõné & fauorable, eſt que dés l'ã 1578. le Vice-roy des Indes enuoya en ambaſſade vers luy Antoine Cabral Portugais auec quelques autres de la meſme natiõ.

Ce Roy obſerua lors diligemment les couſtumes des Chreſtiens Portugais, qui demeurerent quelque temps en ſa cour, & ſe pleut aſſez en leur façons de faire, & tira de ladicte ambaſſade quelque cognoiſſance de la loy Chreſtienne, & des Peres de la compagnie, qui s'en alloyent parmy les Indes ſemer l'Euangile. Il a-uoit encore ouy ce que deux Peres de la meſme compagnie venants d'Europe l'an 1576. auoient faict à l'endroit de ceux de Vengala, leur donnant co-gnoiſſance de noſtre ſaincte foy, & que aux Indes il en y auoit d'autres ſembla-bles, leſquels preſchoient la loy Chre-ſtienne, & auoient ja cõuerty beaucoup de gens, introduiſant ceſte doctrine en pluſieurs lieux auec grand fruict.

En apres eſtāt demeuré encores aupres de luy en ſa cour vn Pierre Taurio Por-tugais, qui eſtoit des principaux de la cour, luy en donna plus à plain (comme à celuy qui eſtoit grandement curieux d'en entendre) nouuelle cognoiſſance, & luy racomptoit de grandes choſes de noſtre ſaincte foy. A ceſte occaſion il fit venir des Indes le Pere Guillaume Per-riera, par lequel luy fut declaré & donné mieux entendre, que c'eſtoit de noſtre loy. Et certes ce Pere fit tres-bien ſon of-fice, & illumina ſi heureuſement ce Roy des premiers rayons de la verité, qu'il monſtre des ſignes manifeſtes du deſir qu'il a d'embraſſer la foy & religion, & cecy fut occaſion à ceux de Vengala de se vouloir rebeller, par ce qu'il vouloit changer de foy. Mais apres s'excuserent, disans auoir entendu que le Roy vouloit renoncer à la loy antique de ses majeurs, à sçauoir la Mahometaine, pour en prendre vne nouuelle. Et partant auoient esleu pour leur chef le Prince de Quabul, son frere germain, lequel auec vn gros exercite assaillit le Royaume d'Echebar, & entra dedans bien cens lieuës, & n'en voulut iamais partir, iusques à ce que le Roy luy alla à l'encontre auec vne tres puissante armee, & le fit retirer au Royaume de Quabul.

Or auant que ceste guerre fust commancee, il appella ces deux Peres de la Compagnee de Iesus, dont il a esté parlé au commẽcement, que le Vice-Roy luy enuoya, & les traicta tousiours tres courtoisement, iusques à ce que pour les bruits & sousleuement de quelques parties du Royaume, leurs superieurs les voulurent tirer de là. Il ne le vouloit point, & y fit tousiours grande resistãce, bien qu'il ne leur fit aucune resistance, mais seulement les prioit amiablement auec tres bonnes paroles, de demeurer, & ne l'abandonner point, pour le desir qu'il qu'il auoit d'estre aidé au salut de son ame. Durãt le tẽps qu'ils y furent, il oyoit fort souuẽt discourir des choses diuines, de la verité de nostre loy, de ses mysteres, & demeura fort douteux & vacillant deçà & delà, sans sçauoir de quel costé se tourner. Car d'vne part il estoit espoinçonné par la force de la verité qui luy estoit preschee, de l'autre l'ancienne coustume, & la liberté de la loy Mahometaine le lioit si bien qu'il ne sçauoit de quel costé se tourner. Les Mores Mahometains le voyãs enclin à nostre foy cõmencerent à se mutiner, outre que sa mere & sa tante, & aucuns des grands seigneurs qu'il auoit autour de luy, faisoiẽt de mauuais offices cõtre nous & nostre loy, leur estant aduis, que pour l'honneur & deffense de leur loy, ils estoient obligez à ce faire à cause de la haine qu'ils ont à la religiõ Chrestienne. Et par ce ils la luy depeignoiẽt miserable & chetiue. Le mesme faisoient le grand nõbre de femmes qu'il auoit, craignãt d'estre repudiees. Le Roy aussi, bien qu'il se monstrast de bõne volonté, estoit neantmoins detourné par ses promenades, continuelles recreations, grandes occupations, & plusieurs negoces iournaliers de tout le Royaume, qui ne luy donnoient ny le lieu, ny temps, pour traiter des choses de son salut, lesquelles ont besoing d'vn lōg discours. La dificulté de la langue estrangere empeschoit aussi beaucoup cest affaire. Car les Peres ne pouuoient si librement exprimer leurs concepts, comme auec la leur propre & naturelle. En sorte que pour lors on ne peut rien faire.

Les deux Peres qui s'en allerent de Goa vers le Roy de Mogor, l'an 1580. escriuent qu'ils firent vn voyage de vingt iournees pour aller de Goa iusques à Surratte qui est vn port de ce Roy, & apres plusieurs trauaux & dangers qu'ils passerent en leur voyage, s'en allerent de Surratte iusques à la Cité de Fatepur, ou en ce tēps là le Roy se tenoit ordinairement, & firent voyage de quarante trois iournees. Ils disoient que ce Roy estoit si desireux de leur venue, qu'il contoit les iours cependāt qu'il les attendoit, cōme il leur dit par apres. Ils escriuoient encores ce qui s'ésuit. Le Roy n'est pas More, mais vacillant à toutes les Loix, & ne croit asseurement qu'aucune d'icelles soit loy de Dieu, parce qu'en toutes, il y trouue des choses qui ne se peuuent accorder auec son entendement, auec lequel il pense les pouuoir mesurer. Auec tout cecy, il dit & afferme par fois que la loy Euãgelique luy satisfaict plus qu'aucune autre, & que s'il peut arriuer iusques à entendre que ceste-cy est la vraye loy de Dieu, soudain il la prendra. A la Cour quelques vns disent qu'il est Gentil, & qu'il adore le Soleil: les autres disent qu'il est Chrestien, & les autres qu'il veut faire vne nouuelle secte. Le mesme disoit encores. Parmy ceste nation il y a diuerses opinions du Roy. Car les vns pensent qu'il soit Chrestien, les autres qu'il soit Gentil, les autres qu'il soit More, mais ceux qui ont meilleur iugement disent qu'il n'est ny Gentil, ny More, & c'est ce qu'ils tiennent pour le plus vray: ou biẽ ils disent qu'il est More, mais qu'il se conforme auec tous, pour gaigner la volonté de tous, se faignant, & vsant de cest artifice. Or pour autant que ce Roy auoit escrit à Goa au Vice-Roy des Indes, & au R.P. Prouincial de la Cõpagnie de Iesus, qu'ils luy enuoyassent auec ces peres les liures de la loy du Createur (ainsi l'appellent ils en ce pays là) laquelle ils preſchoient, trois ou quatre iours apres qu'ils furẽt arriuez là, ils preſenterent au Roy la Bible Royalle à quatre langues, tresbien reliee & doree. Le Roy Echebar accompagné de tous les grãds & principaux de ſon eſtat, ſe reſiouit grandement de ceſte Bible, & print tous les tomes d'icelle l'vn apres l'autre auec grande reuerence, les baiſa & ſe les mit ſur ſa teſte en preſence de tous, apres il les fit mettre dans ſa propre chãbre en vn bel armoire neuf qu'il auoit faict apprester pour ceſt effect. Luy preſenterent auſſi deux beaux tableaux qu'ils auoyent expreſſemẽt apporté de Goa, auec vne image de la glorieuſe Vierge, tenãt ſõ fils entre ſes bras, qui eſt le pourtraict de S. Marie Maieur, & vne de noſtre Sauueur. Il receut le tout auec grande veneration & reuerence, & en preſence de tous, les baiſa, & fit baiſer à ſes fils. Ce ſont les images qu'il a monſtré auec grãde deuotion aux deux Peres qui y ſont allez dernierement, & les leur a donnees pour leur oratoire.

Depuis ayant aſſigné auſdits Peres cõmode habitation, & lieu pour faire vn oratoire afin d'exercer l'office diuin il leur a baillé ſon ſecõd fils, afin qu'ils luy enſeignaſſent la langue Portugaiſe, eſcrire à noſtre mode, & les principes de la foy. Il arriua vne fois que s'en allant viſiter ſon fils, il trouua vne exemple pour eſcrire lequel les Peres luy auoient baillé, & l'ayant fait lire il cõmença. Au nom de Dieu. Alors le Roy cõmanda qu'on y adiouſtaſt, & de Ieſus Chriſt, vray Prophete & fils de Dieu, ce qui fut adiouſté en ſa preſence. Il s'ẽ alla par apres viſiter l'Oratoire, qu'ils auoiẽt en leur maiſon, bien orné, la où ils diſoient la Meſſe tous les iours & ou les Portugais, qui demeurent en cour, la võt ouyr. Le Roy y entra tout ſeul, & oſta ſon turbã de la teſte, & ayant mis les genoux en terre fit oraiſon, premieremẽt à noſtre mode, puis à la ſiẽne, à ſçauoir à la Turqueſque, & puis à la façon des Gentils, & dit apres qu'il fut leué, que Dieu doit eſtre adoré auec toute adoration.

Apres il s'aſſit auec ſes gens à terre ſur des tapis auec des cuiſſins deſſus, & dit qu'il eſtoit eſclairci de ſa loy, & qu'il entendoit bien que la vie & miracles de Chriſt, eſtoient plus que d'vn homme, mais qu'il ne pouuoit pas entendre, cõme Dieu a vn fils. Vne autre fois apres plusieurs discours, il dist: Mes Peres vous m'auez fait entendre, touchant vostre loy beaucoup de choses qui me plaisent plus qu'aucune chose que i'aye iamais entendu des autres loix, soit des Mores, soit des Gentils, ou d'aucune autre: mais par dessus tous les Mahometains sont vrayement vne mauuaise race. De là à huict iours il reuint auec ses trois fils, & les principaux Seigneurs du Royaume à l'oratoire, monstrant chaque chose à ses seigneurs, & louant le tout, & cõmanda à ses fils & autres, qu'ils se deschaussassent les souliers, comme il fit luy mesme selõ la coustume des Mahometains entrãs en leur Mosquees. La reuerence qu'il porte aux images de nostre Seigneur, de la benoiste Vierge, & des autres saincts, est chose fort notable. Il ordonna deslors à ses peintres qu'ils la tirassent & en fissent plusieurs pourtraicts. Semblablement il ordõna à vn siẽ orfeure qu'il luy fist pour sa personne vn reliquaire d'or, de la mesme sorte qu'estoit faict celuy des Peres, auec les images de Iesus Christ, & de la bien-heureuse Vierge, engrauez des deux costez sur la couuerture: finalemẽt il dist aux Peres que leur loy luy plaisoit beaucoup, mais qu'il ne pouuoit croire ces deux articles, à sçauoir la Trinité, & de l'Incarnation, & que s'ils les luy faisoient penetrer & entendre, il vouloit estre Chrestien, voire que si pour cela il estoit necessaire de quitter son Royaume il le feroit. Il procure de faire trouuer agreable aux autres la loy Euangelique, laquelle il va preschant par tout. Et le plus grand desir qu'il ait, c'est de sçauoir qu'elle est la vraye loy de Dieu, de façon que chaque iour il ne faict autre chose que disputer de cecy auec les Prestres de sa loy, qui s'appellent Mullas, lesquels sçauent fort peu, & ne peuuent defendre leur Prophete, ny rendre raison de leur liure appellé l'Alcoran. Ceux-cy admettent Dauid, Moyse & l'Euangile, lesquels ils n'õt pas & ne leur est loisible de les lire, par ce que leur faux Prophete la ainsi ordonné. Nos Peres les conuainquent leur disant, que si l'Alcoran est leur escriture saincte, & leur Prophete, est Mahomet, il est necessaire de prouuer cecy par les autres liures de l'escriture Saincte, lesquels ils cõfessent desia, & de les accorder ensemble, autrement n'estãt point d'accord, ou ceux-ci, où ceux-là ſont faux, puis qu'ils diſent choſes contraires. Le Roy a perdu totalement la creance qu'il auoit à ſa loy, & ſes Preſtres, & le confeſſe ouuertement. Il ayme tant les Chreſtiens, qu'il a permis à quelques reniez qui eſtoient en ſa terre, de s'en retourner au pays des Chreſtiens, afin de ſe pouuoir remettre à la foy, & conceda à l'vn d'iceux, qu'il ſe veſtit à la mode des Chreſtiens, & ainſi le print en ſa maiſon pour ſon ſeruiteur.

En ce temps mourut vn Portugais qui ſuyuoit la Cour, & le Roy donna licence à nos Peres de l'enſeuelir à leur façon, faiſant porter la Croix deuant eux par le milieu de la Cité, auec cierges allumez, ce qui donna grande edification à chacun, voyant la charité & religion que les Chreſtiens auoyent à enſeuelir les morts. Les Mores meſmes prioient pour luy, & aiderent à l'enterrer. Il y a neantmoins grande dificulté pour leur cõuerſion, par ce que ne croyans point aux ſuſdits articles, il ne ſuffit pas de les leur prouuer auec l'eſcriture, pour autant qu'ils doutent de tout ce qu'elle contient, diſans que les Gentils afferment que leur loy eſt la vraye. Les

Mores disent encores, ainsi & le Chrestien dict le mesme, & que cecy les rend fort suspens. La grãde occupation de ce Roy, ne luy permet pas de prẽdre le tẽps qui luy est necessaire pour ouïr la declaration des choses de Dieu, & quand on luy parle, il demande vne chose, & soudain vne autre, comme celuy qui est fort desireux de sçauoir quelle est la verité, de sorte qu'il ne laisse acheuer & dire ce qui est necessaire touchant vn article. Il a tous les passe-temps possibles, & plus de cent femmes, est fort curieux de veoir des miracles, & tascha deux ou trois fois à faire que nos Peres entrassent auec l'Euangile en main au feu, & que pareillement quelqu'vn de ses Mullas y entrast aussi auec l'Alcoran, pour voir laquelle des deux loix estoit la bonne. Mais ils l'appaiserent touchant ce faict disans que faire cela sans aucune particuliere inspiratiõ, estoit vne presomption, & vn vouloir tenter Dieu nostre Seigneur. Dequoy il demeura satisfaict. Le mesme iour que ces Peres furent arriuez le Roy leur voulut dõner vne bonne somme de deniers, mais ils ne la voulurent accepter. Dequoy il receut grande edification, de ſorte que quand ſes Seigneurs voyoient les Peres ils diſoient qu'ils n'eſtoyent pas comme leur Mullas & religieux, qui ne vouloyent autre choſe qu'argent. Nos Peres voyans les tumultes excitez, & les rebellions appareillées à cauſe du chãgement de Loy, dirent au Roy que quant à eux ce leur ſeroit vn grand heur de mourir pour la foy de Ieſus Chriſt, ce qu'il racompta vn iour à ſes Seigneurs Capitaines qui ſont autour de luy, loüant les Peres de ce qu'ils auoiẽt dit que pour la verité de leur foy, ils eſtoient appareillés de mourir. Depuis à l'inſtance du meſme Roy comme il a eſté dit au commencement, deux autres Peres qui ſont allez vers luy l'an 1594. ont oſté pluſieurs empeſchemens, & particulieremẽt l'ont reduit à ſe contenter d'vne femme, & deſirer de traicter familierement de la verité de noſtre foy, & de ſon ſalut. A ces fins il faict grande inſtance qu'ils apprennẽt la langue du païs, & baſtiſſent vne belle Egliſe, laquelle il veut fonder ayant deſia mis par terre les moſquées, & donné de ſoy meſme licence generalle aux Peres qu'ils baptizent & faſſent Chreſtiens tous ceux qui le voudrōt eſtre. Or pource que tāt cecy que l'eſtat preſēt de ceſte miſſion, s'entendra mieux des lettres meſmes, nous les mettrons cy deſſoubs.

EXTRAICT DES LETTRES *Eſcriptes au R. P. Claude Aquauiua General de la Compagnie de* IESVS, *par le P. Prouincial de l'Inde Orientale, l'an 1595.*

EChebar (lequel nous appellōs communement le grād Mogor) demanda de rechef l'année paſſée par ſon Ambaſſadeur, des Peres de noſtre Cōpagnie, & ce pour la troiſieſme fois auec grande inſtance. Le vice-Roy traicta promptement de ceſt affaire auec le R. P. Prouincial, le priant inſtamment qu'il luy dōnaſt quelques Peres pour ceſte miſſiō. Le R. P. Prouincial, comme il eſtoit aduerty de voſtre paternité combien elle deſiroit qu'au lieu de Lahor, ou eſt la Cour de ce puiſſant Roy, y eut des peres de la compagnie, leſquels fiſſent là leur reſidence, voyant l'inſtāce du Vice-Roy luy dit qu'il traicteroit de ceſt affaire auec les Peres, & luy en donneroit bien tost responce. A la cōsulte touchāt ceste mission, fut resolu qu'elle se deuoit faire, puis que telle estoit la volonté de vostre paternité, & qu'on la requeroit auec grande instance. Car comme Dieu a coustume de differer les choses grandes pour quelque tēps qui luy est cogneu, à present pouuoit estre le tēps determiné de Dieu pour tourner les yeux vers ce Royaume, & chasser les tenebres de ces miserables aueuglez. Ayant cōsulté qui on y deuoit enuoyer, le sort heureux, & sainctemēt enuié de plusieurs, tomba sur le P. Schiauier, pour lors Recteur de la maison professe de Goa. Il auoit jà long tēps que nostre Seigneur luy donnoit à entēdre, que ce sort luy deuoit escheoir, & cōme tel il l'accepta, & luy furent nōmez deux cōpagnons, à sçauoir le P. Manuel Pignero, & vn frere nōmé Benoist de Goa. Lesquels accōmodez d'ornemēs pour l'Eglise & propres pour celebrer, auec autres choses, se mirent en chemin en la compagnie d'vn Armenien, lequel mena les premiers Peres, Rodolphe Aquauiua, & ses compagnōs. Ils partirēt d'icy dans vne galere par Daman, de là passerent à Cambaia, ou Dieu nostre Seigneur leur commença à dõner quelque presage du grand fruict qui s'atend là, & si grande cõsolation, qu'il sembloit qu'il les payast deuant le temps du trauail de leur mission. Partant ils seiournerent quelques iours à Cambaia, & y dresserent leur autel en vne maison, ou ils s'assembloient, & en firent comme vne Eglise où ils confessoient & administroiēt les Sacrements aux Portugais & Chrestiens qui demeurent en ces quartiers là. On entendra mieux le fruit qui fut recueilly de ce seiour, & celuy qu'on en espere recueillir à l'auenir, par quelques points de la lettre que les Peres escriuirent.

Quelques points d'vne lettre du P. Emanuël Pignero au R. Pere Prouincial des Indes Orientales à Goa.

ESTANTS arriuez à Cambaya, nous nous mismes à accommoder vne maison, & en icelle fismes dresser vn autel, affin de celebrer la feste de Noël, ou nous receumes vne grande allegresse des Portugais, lesquels s'y treuuerent bien cent, & auec vne grande ioye & consolation spirituelle, se confesserent &

cõmunierent: entre autres vn lequel lõg temps auparauãt se tenoit en ce pays-là, & estoit deuenu Iocque, viuãt en ses iniquitez, se reduisit auec si grãde douleur de ses pechez que soudain il se disposa pour s'en aller demeurer parmy les Chrestiẽs, auec sa fẽme qu'il auoit quittée. Ie puis certifier V. R. que ie ne me trouuay iamais si deuot (le mesme disent mes autres compagnons) comme ce peu de iours que nous demeurasmes là. Ie croy qu'il n'y a si indeuot qui venant à Cambaia, ne deuienne aussi tost deuot, puis que moy tãt froit & indeuot le suis deuenu. Nous remarquons clairement que Dieu n'est pas attaché aux lieux, veu qu'en ceste forest toute enuironnée de lieux sauuages, il se communique plus abondãment que nõ pas parmy les bruits & tumultes de l'abõdãce des peuples des Citez. La chapelle estoit si deuote & ornée de toute sorte de fleurs, & de roses tres odoriferantes, qu'elle sembloit vne chose toute celeste, si que les Portugais la frequẽtoient tous les iours, cõme s'ils fussent venus gaigner le Iubilé. Autãt en faisoient les Mores & Gentils, lesquels à l'entrée disoiẽt qu'ils sentoient quelque chose celeste, disant Dieu demeure icy, Dieu y demeure, & quasi cõme pasmez & estõnez plusieurs se mettoiẽt à genoux pour adorer le petit Iesus, & luy baisoiẽt les pieds, ostans le turbã de leur teste. Le mesme faisoiẽt ils à l'image de nostre Dame. Ie ne sçaurois dire à vostre reuerẽce les effets de deuotiõ que ce peuple mõstroit. Car voyãt l'image de la Vierge ils luy portoient vne tres-grande reuerẽce. Ils venoient au son de la clochette comme s'ils eussent esté Chrestiens, & auec aussi grande asseurance comme nous, & les principaux d'entre eux estoient les premiers. Ce qu'ayant entendu le gouuerneur de la Cité, enuoya requerir qu'on luy permit de veoir nostre chapelle. Mais il ne nous fut possible pour lors, par ce que nous auions desia tout plié & empacquetté estans prests à partir.

La cause pourquoy cestuy-cy n'y vint plus tost fut qu'il ieusnoit, qui est cõme chez nous estre occupé en exercices spirituels, sãs vaquer à aucun autre negoce. Quelques vns ieusnent l'espace de huict iours, les autres quinze, autres vingt & trente, sans manger pas vn morceau, seulement il leur est permis boire de l'eau lors qu'ils ont soif. Il y en eut vn de ceux qui faisoient telle penitence, à qui l'œil gauche sortit hors la teste. L'obeissance & respect qu'ils ont à leur Brachman (qui est comme leur Vicaire) est admirable : ils vont le saluër & luy donner le bon iour auāt s'occuper à aucun negoce. Certes ie demeuray tout confus, voyāt qu'ils font plus pour leurs faux Dieux, que ie ne fais pour leternel. L'vn d'iceux me dit que si son Brachman luy commandoit de donner tous ses vestements par aumosne il le feroit, voire mesme s'il luy commandoit de bailler sa vie. C'est vne chose commune à tous.

En vne lettre du Pere Hierosme Schauier il est encores parlé de la deuotion des Portugais, de la Chapelle qu'ils dresserēt, & du fruict d'icelle, en ces termes. Finalement ie m'expediay des Portugais par la derniere predication, par ce que ie les auois eus tous ces saincts iours de feste, & le Dimanche, excepté le iour de la Circōcision, que ie fus occupé auec le Roy de Mogor. L'estude q̄ ie fis pour ces sermōs fut celle que nostre Seigneur me donna, dont l'effect fut grand. Il y eut beaucoup de confessions de grande importance pour le ſeruice de Dieu, quaſi tous les Portugais, leurs domeſtiques, & ſeruiteurs qui demeuroient là, ſe confeſſerent & pluſieurs ſe communierent, & quand les vns s'en alloient les autres venoient: on ſatisfaiſoit à chacun: tous ne pouuoient demeurer dans la chappelle, & par ce les vns oyoient la premiere, les autres la ſecõde Meſſe. La predicatiõ ſe fit à la baſſe cour de la maiſon. Ayant finy la predicatiõ, ie m'en allois prendre ma leçon d'vn More qui m'enſeignoit la langue du pays.

Le Pere Emanuel Pignero raconte la cauſe du ſeiour qu'ils firent à Cambaia, c'eſt qu'alors ſ'y trouua vn fils d'Echebar auec ſon armée, lequel auſſi toſt qu'il vit les Peres, ſe mit à deuiſer auec eux, leur racontant, preſchãt & publiant l'amour auec lequel ſon Pere les receuroit. Ie mettray icy vne partie de la lettre du P. Emanuel Pignero, au R. P. Prouincial, laquelle ne ſera pas ennuyeuſe à ouyr.

Nous trouuaſmes en ceſte Cité de Cãbaia Soltan Horat, fils puiſné du Roy Echebar. lequel ſçachant noſtre arriuée, le iour enſuiuant qui fut la veille de Noel, nous manda dire que nous alliſſions loger au chasteau de ceste cité, lequel estoit tout pres de nostre logis, parce qu'il desiroit nous voir là. Il venoit du Cãp lequel il auoit logé hors la cité. Nous fusmes receuz de luy auec grands signes d'amour, & parce qu'il estoit nuict, il partit aussi tost apres auoir tiré de ceste ville par requestes & prieres, 200. mille Crutrats tãt en argẽt qu'en pieces d'or. Il s'ẽ alla à Surrate, disãt qu'il vouloit aller pardela Melico, & estãt à vne lieuë loing de ceste cité, no⁹ enuoya appeller trois heures apres minuict, Ce qui nous fut fort fascheux & incõmode, parce qu'il nous falloit celebrer la feste de la Circoncision. La Messe acheuée, nous nous acheminasmes aussi tost vers le camp, ou nous arriuasmes à l'heure que tous les Capitaines & Gẽtilshommes luy venoient dõner le bõ iour. Il estoit en vne tente merueilleusement haute pour estre veu de tous. Arriués que nous fusmes, nous luy fismes la mesme reuerence que luy faisoient ses Capitaines, qui estoit de baisser la teste, & demeurer là debout. Nous nous mismes parmy ces Seigneurs, lesquels demeuroient cõme statues, ayans les yeux fichez sur luy. Apres cecy nous entrasmes dans son pauillon lequel estoit fort grand.

Le rãpart ou platte forme qu'on faisoit dehors à la façon d'vne muraille, estoit semblable à celuy du vice-Roy qui est vne place fort grande. Au milieu de ceste terrasse, estoit vne petite tête ouuerte de to⁹ costez, auec vn petit lit. Il nous receut là dedãs auec beaucoup pl⁹ d'alegresse & signe de bienueillãce que la premiere fois, nous demãdãt plusieurs choses de diuerses parts, cõme en Portugal y auoit de neges, si la chasse y estoit en vsage, si on y trouuoit d'ours, lieures, oiseaux de chasse, vautours, faucõs, &c. no⁹ ayãt respõdu qu'ouy, il se tourna vers ses gens, leur disant encores en Portugal se trouue telle chose. Ce qu'oyãt les siens, mettoient la palme des mains à terre, & puis dessus la teste qui est signe de l'honneur qu'il leur fait de parler à eux. Il demãdoit encores en quoy s'occupoiẽt leurs Roys, & cent mille autres choses. S'ẽ allãt ou il vouloit mõter à cheual, on luy porta 15. cẽts Manude, qui mõtent à pl⁹ de 3. cẽs pardaies, & nous dit, qu'il sçauoit biẽ que nous ne prenions point d'argent, ny autre chose, mais attendu que nous estiõs pauures & necessiteux, il no⁹ prioit d'accepter cela, pour faire le voyage, & ſans s'arreſter dauantage partit de là. Auparauant doutãt que nous n'accepterions pas ledit argent il auoit donné ordre qu'on le baillaſt à l'Armenien qui demeuroit auec nous, enſemble trois charrettes auec ſix bœufs & trois cheuaux. C'eſt argent nous vint fort à propos pour faire noſtre voyage, parce que l'Armenien n'auoit point de paſſeport pour nous mener par Cambaia mais bien par la Scinde. Party que fut Soldan Horat, il nous fallut preparer pour partir, ce qui ne peut eſtre ſi toſt que nous euſſions voulu, parce que le Gouuerneur de ceſte terre là, faiſoit encores ſõ ieuſne. Ce fils d'Echebar menoit auec luy 4. ou 5. mille cheuaux, & diſoit-on qu'il en auoit au deuant 20. mille. Il menoit 4. cents Elephãts, ſept cents chameaux, 40. ou 50. dromaderes, 4. mille bœufs, 15. groſſes pieces d'artillerie, & 4. moyennes, auec quelques couleurines & & fauconneaux. Il s'en va auec grãd courage, & deſir de ſubiuguer tout le Decan, mas ie crains qu'il ne luy arriue tout au cõtraire, pour eſtre gouuerné par de ieunes gens & nõ aſſez aduiſez, leſquels pour eſtre luy de ſa nature paiſible, doux, & liberal, l'ont desia tout changé. Il est fort peu deuot à ses mosquées, & ne les void iamais. Tout son plaisir & occupation est à chasser & courtiser.

Encores que la demeure que le Pere Schauier & ses cõpagnons firent à Cambaia, laquelle fut de 20. iours semble estre fortuite: toutesfois la rencõtre que nous eusmes auec le Seigneur de la terre, mõstra que c'estoit vne prouidence de Dieu qu'il n'entẽdoit pas, mais Dieu le disposoit ainsi, afin que les Peres visẽt de pres si ceste terre estoit disposee pour receuoir la Loy de Dieu, & ouyr la predicatiõ de l'Euangile, chose qui a esté fort long temps desirée par les Nostres. Le R. P. Prouincial n'a plus grand desseing deuãt les yeux, qu'auoir quelque occasion d'enuoyer des Peres à Cambaia, & mettre le pied dans ce grãd Royaume, duquel tous les habitãs sont gentils, mais au reste fort misericordieux, aumosniers, deuots, & fort desireux de leur salut, iaçoit qu'ils estiment qu'il consiste là ou plustost gist la mort, ainsi abusez par leurs maistres. En ce petit seiour que les Peres firent là, ils y virent ceste bõne disposition & augmenterent grãdement le desir que le R.

P.Prouincial auoit de tenter l'entrée en iceluy, de ſorte qu'il a deſia enuoyé demãder au Roy Echebar lettres patẽtes, à fin qu'il fut permis aux noſtres de demurer à Cãbaia, terre laqlle luy eſt ſubiecte, voyãt q̃ pluſieurs ſont aſſez animez pour ceſte entreprinſe le P. Emanuel Pignero en eſcriuit au R. P. Prouincial, diſãt ainſi.

Ceſte nation eſt grãde aumoſniere, deuote, & amie de ſon ſalut. Hier qui fut le 8. de Iãuier 1595. Ie ſceuz qu'on auoit dõné en aumoſne pl⁹ de 20. mille parodaos, qui vallent chacnn 5. teſtons en ceſte ville. On me mõſtra vn homme lequel ſeul en auoit dõné 5. mille, & vn autre 3. mille, & vn autre 15. cents. I'ay apprins pour certain que les aumoſnes qui ont eſté faites ce iour, en tout ce guſſarat, mõtent à vn million d'or, & ayant demãdé la cauſe ie ſceuz qu'ils le faiſoient parce que ce iour là le Soleil paſſoit du Sud au Nord, ainſi q̃ leur fõt accroire leur Bracmanes. Ils fõt encores ces aumoſnes afin q̃ Dieu les tire à la gloire, & pour la meſme fin ils font des penitẽces & pelerinages, mais comme ils ſõt abuſez ils perdẽt leur peine. Il n'y a pas lõg temps qu'ils partirent de ceſte Cité pour aller en pelerinage à

Ganga, qui est le fleuue de Ganges en Vengala, 50. mille personnes. Et se tient pour bien-heureux celuy qui se peut lauer en ceste riuiere. Si lors qu'ils s'en võt mourir ils boiuent vn peu de ceste eau, ils pensent estre asseurez de leur salut.

I'ay traicté auec vn Gẽtil nommé Gedacham grand Seigneur qui auoit fait 7. pelerinages vers ce fleuue, pesé 3. fois sa mere, la premiere auec autant d'argent, la seconde auec autant de perles, & la 3. auec autant d'or, & tout distribué aux pauures. Le Rau frere de ce Gedacham donna vn iour par aumosne 150. & tãt de mille pardaie de 5. larins chacun, & ce afin que leurs Pagodi (qui sont leurs Idoles) les fauorisassent aupres du Roy, vers lequel il s'en alloit mandé par luy. On ne sçauroit nier que ceste natiõ ne soit pleine de compassion: arriuant le rayon du Soleil de Iustice en ceste Cité, ie croy qu'il ne sera pas beaucoup difficile à la renger à nostre Foy.

Vn hõme des principaux de ceste ville auec lequel i'ay traitté particulieremẽt, & (lequel entretiẽt cent personnes en sa maison) me dit qu'il ne doutoit pas q̃ nostre loy ne fut veritable, mais cõme seroit il poſſible, q̃ luy ſeul eſtãt tel qu'il eſtoit ſe fit Chreſtien, & que ie luy diſſe ſi eſtãt preſt à mourir, il ſe pourroit baptiſer ſoy-meſme. Ceſtui-cy me pria auec grãde inſtance que i'obtinſe vne permiſſion d'Echebar qu'on peut faire là vne Egliſe, promettãt que ſoudain il ſe feroit Chreſtien. Se trouuant vn iour au iardin du Roy qui eſt dedans la fortereſſe, & voyãt vne maiſon faicte en voute richement elaborée d'or & d'excellente peinture, il la deſira grandement pour en faire vne Egliſe, & m'aduiſa que ie la demandaſſe à Echebar. Par fois ie m'ẽ allois vers l'hoſpital que ceſte nation tient pour toute ſorte d'oiſeaux, ou ils ſont gueris quand ils ſont malades. I'y veis quelques paõs, leſquels pour eſtre incurables, ne pouuoient eſtre chaſſez de l'hoſpital. On porta vne fois à ceſt hoſpital vn eſpreuier malade d'vne iambe, lequel eſtant guary ſe ietta ſur les autres oiſeaux, & en tua pluſieurs. Ce que voyant l'hoſpitalier le chaſſa dehors comme dommageable. Ils ont vn hoſpital pour les oiſeaux, & n'en treuuent aucun pour les hõmes, les laiſſans mourir abandõnez. Ie n'ennuyeray pas dauantage V.R. de ces choſes, ſeulement

ment luy diray touchant ceste matiere, que ie pourrois bien aller librement par les rues de Cambaia, chantãt la doctrine Chrestienne, & esleuer l'estendart de la Croix, sans crainte des Mores ny des Gẽtils: plusieurs d'iceux m'accõpagneroient tant est grãd le respect & l'amour qu'ils nous mõstrent. Le mesme dict le P. Schauier; en sorte que si nous n'eussiõs eu du commencemẽt plus grãds affaires, & eut esté la volonté de V. R. nous fussions demeurez icy pour les grãdes esperãces que nous y voyons, mais on espere beaucoup de nostre missiõ: car ceux qui sont natifs d'icy, dient que c'est à ce coup que Echebar, mettra à chef son entreprinse, Dieu vueille par sa misericorde qu'ainsi soit: mais cecy n'empeschera pas que ie ne m'en aille, resolu de faire ma sepulture en ce pays icy, m'estant concedé par la saincte obeissance.

2 Si vostre reuerence veut escrire au P. Chauier, il le pourra faire par ce porteur, pour auoir cestui-cy des affaires, auec vn certain Cãbaian appellé Bauaça, le meilleur homme de Cambaia, riche, honorable & grand amy de nos Peres. Cestui-cy sera le premier (si plaist à Dieu) qui se fera

Chrestien, allant à sa maison il nous mõstra tout ce qu'il auoit en icelle, il a vne maison digne de soy, bastie à la façon de Portugal. En fin il fit venir vn sien petit fils de deux ou trois mois, auquel ayant donné la benediction, ie dis, Dieu te face selon qu'il peut: il me respondit dites luy ie vous prie, Dieu te face Chrestien. Le mesme traicta longuement auec moy de son salut, du Baptesme, s'il estoit possible qu'on se peut baptiser soy-mesmes: bref me dist que ce n'estoit qu'vne chanson & fable que la secte des Gentils. Il est ennemy capital de certaines gẽs qu'ils appellent Verteas, lesquels viuẽt ensemble en congregation, cõme religieux. Lors que i'allay à leur maison ils estoient enuiron 50. ils sont vestus de certain drap blanc, ne portent aucune chose à la teste: ont la barbe rase, non pas faicte auec le rasoir, mais pelee, par ce qu'ils en arrachẽt tous les poils, & de la teste aussi, n'en laissants sinon quelques vns au milieu de la teste iusques à la cime, & demeurent par ce moyen quasi tous chauues. Ils viuent en pauureté, ne reçoiuẽt l'aumosne de personne sinon de ce qui leur est resté de table. N'õt point de femmes, leur secte est escrite en des liures, auec lettres du Guslarato : ils boiuent l'eau chaude non pas de peur du catarre, mais par ce qu'ils diét que l'eau est animee, & que la beuuant sans cuire, on luy tue l'ame que Dieu a creée, qui est vn grand peché: mais estant cuite, elle n'est plus animee. Pour ceste cause ils portẽt en leurs mains certaines vergetes, lesquelles auec leur manche semblent des penaches faits de coton, & s'en seruẽt pour balier par où ils passent, de peur qu'il ne leur aduienne de tuer quelque vermisseau. Ie vis leur Prieur & principal plusieurs fois balier le lieu deuant qu'il s'assit pour ce respect. Leur general a cent mille hõmes sous son obeissance, & tous les ans ils en elisent vn. Ie vis parmy eux de petits enfans de 8. ou 9. ans, qui sembloient des Anges, ils ne ressemblent point les Indiens, ains ceux d'Europe. Dés cest aage les P. dediẽt leurs enfans à ceste religiõ. Ils auoient tous en la bouche vn morceau de drap large de quatre doigts, attaché aux deux oreilles par deux trous, qui sont aux 2. bouts du drap, faisant le tour par le derriere des oreilles. Ie leur demanday pourquoy ils portoient ceste bauette, ils eurent disiculté à le dire, mais ie ſçeus que c'eſtoit afin que par diſgrace il n'entraſt dans eux quelque mouche ou moucheron, & qu'ils vinſent à le tuer.

Ceux-cy tiennent que le mõde fut creé il y a vn milliõ d'ãnees, & qu'en ce temps là, Dieu enuoya vingt & trois Apoſtres, & qu'à preſent en ce 3. aage du monde il en a enuoyé vn mille, qui font 24. & il y a 2. mille ans que ceſtui-cy doit eſtre venu, & depuis ce tẽps-là ils ont des eſcritures, ce que les autres n'auoient pas. Le P. Schauier & moy, leur traictaſmes de cecy, leur diſãt que ce qui leur auoit eſté reuelé par telles eſcritures eſtoit pour leur ſalut, eſtãt en cecy noſtre interprete le ſuſdit Babaſa: ils nous reſpõdirẽt: nous en parlerõs vne autre fois. Mais nous n'y retournaſmes plus, encore qu'ils le demãdaſſẽt auec grãde inſtãce, par ce q̃ nous partiſmes le iour enſuiuant. Quãt à moy ie pẽſe que quand les noſtres ſerõt venus là, ils aurõt bien de la beſongne, & dirõt c'eſt aſſez Seigñr, toutefois ſecourez no⁹.

Ie penſois allant par Cambaia, que ie marchois par Euora, tant eſt grande la multitude des hõmes & des femmes, & les ſignes de bienueillance qu'ils nous monstrent par leurs regards, & par leurs paroles. Tout leur langage est de dire peres, peres, voyci les peres. En escriuant cecy les larmes me venoient aux yeux pour pleurer. Ie ne sçay pas ce que nostre Seigneur veut icy faire, il ordonnera ce qui sera le meilleur. Telle fut la monstre que Dieu N.S. voulut faire aux Peres de ceste missiõ soudain qu'ils furent arriuez en Cãbaia, laquelle est subiecte au grand Mogor, ce qui pronostiquoit bien, ce qu'ils deuoient rencontrer à la Cour. Le 4. de Nouembre qui fut auant hier, arriua vn Armenien, auec les lettres du pere Schauier & Emanuel Pignero, qui sont à Bahos où est la Cour du grand Mogor, & auec la susdicte lettre estoit celle-cy qui s'addresse à vostre Paternité.

Coppie d'vne lettre du Pere Hierome Schauier escrite au R. P. General de la Compagnie de Iesus.

Mon R. P. en Jesus Christ. La paix de nostre Seigneur Jesus Christ soit auec vous.

I'Escriuy à vostre Paternité de Goa sur le poinct q̃ la saincte obeissãce nous enuoyoit à la Cour du grand Mogor, de la grand' allegresse auec laquelle nous

nous y acheminions. Cinq mois apres nous y arriuasmes encore que de Goa iusques icy on ne mette ordinairement q̃ deux mois. Nous cheminasmes deux cẽs trẽte lieuës par terre, & ce tousiours dãs son païs. Quand nous y fusmes arriuez, il nous receut publiquement, auec beaucoup d'hõneur & amitié, & depuis tousiours par tout où il nous void nous faict de mesmes, nous dõnant tousiours place au pres de soy, parmy ses grãds Seigneurs. Iusques à present il a fort peu traicté auec nous de choses d'importance, & riẽ du tout de nostre loy. Plusieurs fois il nous ramentoit auec vne grande affection que nous apprenions le langage du païs, affin qu'il puisse sans interprete, traicter auec nous des choses de son salut. Vne fois il nous fit dire par vn de ses plus fauoris Docteurs de la loy, que si nous apprenions la langue Persiene on deslieroit vn gros neud qui estoit lié. Le Roy se monstre bien disposé enuers ce qui cõcerne la religiõ Chrestienne. Il a quelques images de nostre Seigneur Iesus-Christ & de nostre Dame, fort riches & des plus excellentes qui viẽnent d'Europe, il les tient fort deuotement & auec beaucoup de reuerēce, il prend grand plaiſir d'en faire la monſtre, les tenant luy meſme entre les bras, ſi long temps qu'il ne ſe peut faire qui ne s'en laſſe, elles eſtant fort grandes.

Il vint vn iour à vne de nos ſelennitez, lors que nous diſiōs les litanies. Ce pendant qu'elles ſe diſoient, il demeura à genoux les mains iointes, comme ſi c'euſt eſté vn Roy Chreſtien, & s'entretint lōg temps à contempler les images, & à s'informer de leurs myſteres. Pour la feſte de l'Aſſōption il nous preſta ſes images auec vn ſeul petit mot que nous luy diſmes, il nous enuoya deux de ſes eſcuiers auec riches draps de ſoye, auec leſquels ſes gens meſmes ornerent & accōmoderent noſtre chappelle fort richement. Il ſe monſtre tres-affectiōné à noſtre Dame, & luy porte grand amour & deuotion. Le meſme dis-ie du Prince, lequel ſe faſcha grādement contre le More qui nous cōduiſoit, de ce qu'il ne luy auoit apporté aucune image de noſtre Dame. Il en enuoie à preſent vn autre pour luy en achepter, & luy porter quelques autres choſes, luy recōmandant ſur tout, qu'à quelque pris que ce ſoit il luy porte vne image de noſtre Dame. Vn peintre Portugais, eſtant venu en noſtre compagnie, la premiere choſe qu'il luy fit peindre fut vne image de la Vierge, qu'il fit tirer d'vne grande que nous auions apporté. Ayant veu dãs noſtre chapelle le iour qu'il vint auec le Roy ſon pere, vne image du petit enfant Ieſus, & vn crucifix, il ordonna ſoudain qu'õ luy en fit de meſmes d'hyuoire: Ses maiſtres ouuriers ſont apres à y trauailler. Ce Prince eſt aagé quaſi de 30. ans, nous faict beaucoup de demonſtrations d'amour, & procure enuers le Roy tout ce de quoy nous auons affaire.

Le premier iour que nous parlaſmes à luy, il nous promit de nous faire donner tout ce qui nous eſt neceſſaire pour faire vne Egliſe, & procura enuers le Roy que il nous donnaſt vne place pour la baſtir, & à preſent, qui eſt le temps d'hyuer en ce pays, nous tenant propos touchant ce fait, nous confirma le meſme, & dit qu'il feroit enuers ſon pere qu'il aſſignaſt prõptement ceux qui deuoient executer ceſt affaire. Le Roy a donné licence que tous ceux qui voudroient ſe puiſſent faire Chreſtiens: a banny tout à faict loing de ſoy Mahomet: il encline touſiours à la

Gentilité, adore Dieu & le Soleil, fait du prophete, & veut dõner à entendre qu'il fait miracles, donnant santé aux malades auec l'eau où il a laué ses pieds: Plusieurs femmes luy font vœu s'il rend la santé à leurs enfans, ou s'il leur fait ceste grace de leur donner des enfans. Quād il arriue qu'ils guerissent, elles luy apportēt leurs offrādes, qu'il reçoit publiquement tant petites soiēt-elles. Les Gētils sont maintenāt ses fauoris, & ne sçay cõme les Mores le peuuēt supporter: car il se mocque grandement de Mahomet. Toute nostre occupatiõ pour encores est d'apprendre la langue Persiēne, & selõ le progrez que nous y faisons, nous nous confions en la misericorde de Dieu, qu'auāt vn an nous la parlerõs, & lors pourrõs dire que nous sommes en vogue, ou iusques à present auons esté cõme statues muettes. Plaise à Dieu nostre Seignr tres-misericordieux n'auoir esgard à nos pechez, ains regardant au prix que ces ames luy ont cousté, nous dõner & à nos lāgues telle efficace pour parler, & leur toucher tellement le cœur, que le fruict de nos labeurs s'ensuiue tel q̃ V.P. & toute la cõpagnie attend. Pour cest effect no⁹ no⁹ recõmandõs aux saincts sacrifices & oraisons de V. P. De ceste Cour de Lahor, le 20. d'Aoust, 1595.

Si V. P. enuoyoit quelque belle grãde Image de nostre Dame, ou de la Natiuité à ce Roy, & au Prince ils la receuroient auec beaucoup d'amour & grãde estime. Nous en voudriõs quelques petites pour aucuns Chrestiẽs qui les requierent auec tres-grande affection, ensemble quelques autres choses de deuotion.

De V. P. Fils en nostre Seigneur.

Hierosme Sciauter.

COPPIE D'VNE LETTRE qu'escrit le P. Emanuel Pignere du Mogor. Au P. Jean Aluares, du 3. Septẽbre, 1595.

PAr celle que i'escriuis à V. R. l'année passée elle est desia aduertie de nostre mission, & par ceste-cy ie luy dõray aduis de nostre voyage & de ce qui est arriué iusques à present. Si ie suis vn peu lõg, ie prie V. R. me pardonner, parce que ie le fais afin qu'elle puisse encore rendre cõte du tout à nostre Pere, parce que ie luy escris assez briefuement.

Le 3. de Decẽbre 1594. nous partismes de Goa dãs vne galere, laquelle nous porta iusques à Daman la derniere de nos villes. De Damã nous allasmes à Cãbaia, premiere Cité du Guſſaratte ſubiecte au grand Roy de Mogor, laquelle eſt grãde comme Ebora en Portugal, biẽ garnie de belles maiſons, les ruës de laquelle ſe ferment toutes les nuicts auec portes bõnes & bien fortes, comme portes de ville. La plus grand' part du peuple eſt de la ſecte des Brachmanes, leſquels ont couſtume de ne point mãger de chair ni tuer aucun animal qui ait vie, ains au cõtraire rachetent les oiſeaux & autres animaux eſtropiez & malades, & les portent à vn hoſpital edifié pour ceſt effect, lequel i'ay quelquesfois viſité. En ceſte ville y a grande cherté d'eau, mais il y a des viuiers, grãds comme pourroit eſtre la place de Liſbone qu'on appelle Rozzie, dãs leſquels on amaſſe l'eau en hyuer. De ceſte ville plusieurs võt en pelerinage à Ganga (autrement Vengala) & s'y en võt quelquefois bien 40. mille perſonnes, quelquesfois plus, quelquesfois moins. Le Capitaine de Vengala lequel i'ay veu icy en Lahor, me dit, que quelquesfois ils ſont à Gãga, iuſques à 3. & 4. cents mille perſonnes, venues là en pelerinage. Entre autres vn homme y alla lequel donna trois fois le peſant de ſa mere, la premiere d'argẽt, la seconde d'or, la 3. de perles. En ce lieu de Gussarato ie vis plusieurs Geoge (ce sont comme Religieux) fort austeres en pauureté & penitence. Lors qu'il fait bien froid ils võt sans habit, ils dormẽt dessus des fumiers, ou monceaux de cendres, & s'en couurent la teste & la face. Ie vis vn lieu ou demeuroit vn Gioge lequel estoit tenu pour sainct, au milieu d'vne place de la ville d'Amadeta, auquel accouroit plus grãd nõbre de personnes que n'accourent au port de Lisbone, lors que les Nauires des Indes arriuent.

Ce Gioge estant appellé par le Prince Soldã Morad fils d'Echebar, Roy de Mogor, n'y voulut pas aller, disant que le Prince viẽne luy mesmes icy, ma saincteté merite bien qu'il vienne vers moy. Ce qu'ayãt entendu le Prince, le fit prendre, & l'ayant bien fait foüetter, le bannit & chassa de là. En ceste ville nous trouuasmes le Soldan Morad, secõd fils du Roy de Mogor, lequel ayant esté aduerty de nostre arriuée, nous voulut voir, & ordõna que nous l'allissions attendre à la forteresse, où il vint s'estant party de son Camp, qui estoit à vne lieuë de là. Il nous receut auec fort grand hõneur, nous faiſant diuerſes demãdes de pluſieurs choſes. De là peu de iours il partit pour s'en aller à la guerre contre le Roy de Cadan, mais auãt que partir il nous fit appeller, & nous diſt: Ie ſçay bien que vos reuerẽces ne veulẽt rien prẽdre, mais auec tout cela ſi aurez vo⁹ beſoing de quelque choſe pour faire voſtre voyage. Auant que nous luy fiſſions reſponce, il mõta ſur vn grand Elephãt, & de celuy là ſauta ſur vn autre plus grand, lequel ſembloit vne tour. Eſtãt de retour en noſtre logis, nous y trouuaſmes trois cens pieces d'or, vallãt cinq laris chacune (qui eſt plus qu'vn eſcu d'or) trois cheuaux & trois chariots, auec ſix bœufs treſ-beaux. Tout cecy nous ſeruit tresbien pour noſtre voyage, qui fut bien lõg, par ce que nous n'auiõs prins le chemin que le Roy nous auoit ordonné. Ce peuple icy, pour eſtre des Brachmãs, ne tue pas les vaches, mais les tient cõme meres, quãd elles meurent ils dient que ſi leur ame eſt bõne, elle entre dãs vne autre vache. Ie vis ſur vne rue de la ville de Amadana vne vache qui s'en alloit mourir, à laquelle ils portoient de l'herbe fraiſche, & luy chaſſoiẽt les mouches, & durant les deux ou trois iours qu'elle vescut il ny eut pas faute d'hommes pleins de cõpassion, qui l'assistoient: tant est grãd l'aueuglement où la lumiere de l'Euangile n'esclaire point. A vne lieuë & demie de ceste Cité ie vis vn tres beau cimetiere, digne à la verité d'estre veu: i'ose dire à vostre R. que ie n'ay veu iamais chose plus belle. Il y auoit le sepulchre d'vn Cazia, maistre d'vn Roy de Gussarato, lequel fit faire cest ouurage, & luy & trois autres Roys sont enseuelis en vne autre chappelle. L'ouurage est tout de marbre poli, tres fin & tres beau, la massonnerie estoit faicte de mesme, & auoit trois cours, en vne seule desquelles ie contay quatre cens quarante colõnes, toutes de marbre, chacune de trẽte pieds de haut auec leurs chapiteaux & bases à la Corinthienne, ouurage Royal & magnifique. D'vn costé y auoit vn estang d'eau plus grãd que la place de Lisbonne, appellée Rossio, tout elabouré auec vn merueilleux artifice: il y a plusieurs beaux fenestrages qui regardẽt vers cest ouurage, edifice tres-rare. Ie vis là mesme encore plusieurs Mores & Moresses, lesquels venoient de bien loing du costé de la terre ferme, & m'esmerueillant de les voir si craintifs des Portugais, apprins qu'ils alloient tous à la Mecque, & parce qu'ils ne pouuoient passer là sans congé des Portugais, les craignoient fort. C'est vne chose plaisante qu'encore bien que ce faux Prophete, leur ait deffendu par escrit, qu'aucune femme n'aille à la Mecque qui ne soit mariée, neantmoins les vieilles aussi bien que les ieunes se marient pour s'y en aller, & quand elles sont de retour, rompent leur mariage. Nous partismes d'Amadaba le 19. de Mars, & le 14. du mesme arriuasmes à vne autre Cité appellée Patarra, & parce que c'estoit le soir de la veille de Pasques, nous demeurasmes là trois iours, & y celebrasmes la feste. Plusieurs Chrestiens qui s'en alloient à la Carauane, se confesserent là: nous y trouuasmes quelques Armeniens, qui n'auoiét pas receu la reformation du Calendrier: neantmoins de peur qu'ils eurent, ayans à repasser par nos terres, où pour autant qu'ils entendirent la verité, ils firent Pasques auec nous, excepté vn vieux Docteur opiniastre, lequel dist que nous nous abusions de cinq sepmaines, & qu'il ne tenoit point l'Eglise Romaine pour chef: cestui-cy fit Pasques le dernier Dimanche auant l'Ascension. Nous poursuiuimes depuis nostte voyage, & trouuasmes plusieurs & fort grãdes Cités, mais toutes ruinées principalemẽt les Mosquées. Ie ne remarquay point, qu'on en bastit pas vne de nouueau, ny qu'on en refit aucune. La plus grãd part de ce peuple est Gentil. Nous souffrimes beaucoup en ce voyage à faute d'eau, car celle que nous trouuiõs en chemin estoit salée; cõme celle de la mer. Si ie n'en eusse moy-mesme faict l'essay, ie ne l'eusse pas creu. Nous auions fort peu de viures mais beaucoup de chaleur en vn voyage fort lõg. Le cinquiesme de May nous arriuasmes à Lahor, qui est la Cité capitale, où fait sa residẽce Echebar auec sa Cour, nous fusmes tresbien receuz de luy, & du Prince son fils, qui nous embrassa fort amiablement, & fit demonstration d'estre bien ayse de nostre arriuée: Il ordonna tout-aussi tost qu'on nous logeast en vne belle maison, où il auoit fait sa demeure, tout contre vne belle & grande riuiere, qui n'est esloignée de nos fenestres que neuf ou dix pieds. En ce lieu n'entrent que les Chrestiens qui viennẽt ouyr la Messe: & des Mores & Gentils ceux que nous voulons: car les gardes ne les laissent passer sans nostre congé. Le Roy nous enuoya querir le soir ensuiuant, & nous monstra certaines Images de nostre Seigneur & de la sacrée Vierge, qu'il tenoit entre ses bras cõme si c'eust esté vn de nos peres. Nous nous mismes à genoux ayant veu les sainctes Images: Ce que nous ayant veu faire, vn petit fils du Roy, fils du Prince, aagé seulement de dix ans, se mit aussi à genoux auec les mains ioinctes: dequoy le Roy s'estãt apperceu, s'adressa au Prince & luy dit, Voyez vostre fils. Quelque temps apres qui fut vne feste de nostre Dame, il nous presta ses tableaux pour les mettre dans nostre Chappelle. Depuis il nous mõstra ses liures, qui estoient en grande quantité & fort beaux, la Bible Royale, vne autre Bible, les Concordances, les quatre parties de la somme de S. Thomas, & contragentes, vn autre liure contre les Iuifs & Sarrasins, Soto, S. Antonin, l'histoire des Papes, les Chroniques de S. Frãçois, Syluester, Nauarre, & Caietain, de chacun deux exemplaires: les ordonnances de Portugal, les Commentaires d'Alphonce Dalbuceque, les constitutions de la cõpagnie, les exercices, l'art du P. Aluares, & plusieurs autres liures, il nous bailla tous ceux que nous voulusmes. Ie n'ay point apperceu q̃ le Roy fist à pas vn des siens, ce qu'il nous faict, nous faisant seoir l'vn apres l'autre pres de soy, sur sõ lit propre, auquel luy seul, & le Prince ont accoustumé d'estre assis. Il a de coustume de sortir à vne galerie qui est au dessus de la place du Palais, là où tous ses Capitaines, & tous les autres Seigneurs qui sont en grand nõbre, le vont trouuer. Nous l'allons aucunes fois visiter là, & tout aussi tost qu'il nous void, il nous reçoit auec vn fort grand accueil, enclinant la teste vers nous, & nous faisant approcher dauãtage de luy, & mettre en vn bon lieu. Ce qu'il ne faict à pas vn des Roys ny Princes qui luy assistent, partie desquels il a prins à force d'armes, & d'autres luy ont dõné leurs Royaumes, & le sont venus seruir. Il me semble qu'il a là cinq ou six Roys, & vingt six Princes fils de Roys. C'est vn tresgrand Seigneur, & qui a le plus de thresors apres le Roy de la Chine. Ce n'est merueille veu qu'il est Seigneur proprietaire de tous ces Royaumes, car tous les biens d'iceux luy appartiẽnent. Outre cecy on luy enuoye de tres grãds presents. Dãs l'espace de huict iours on luy apporta en presents plus d'vn milliõ d'or. Le Vice Roy de Canaha, frere ou cousin du Satamas, luy donna tout son Royaume, & le vint seruir. Il arriua icy le iour de S. Augustin 28. d'Aoust, Echebar le receut estãt assis, & ce pauure Roy vint de fort loing s'enclinant & faisant la reuerence, mettãt la main en terre, & puis dessus sa teste. Quãd il arriua aupres du Roy de Mogor, on le visita, pour voir s'il portoit d'armes, puis il s'approcha pour toucher les pieds du Roy de Mogor, qui ne luy fit aucun signe ny demõstration de courtoisie, sinon qu'il luy ietta les bras dessus le col & rien plus. Ce nouueau vassal s'estant releué, demeura debout parmy les autres Capitaines, sãs aucune difference des autres courtisans, quoy qu'il fut aagé de trente cinq ans. Il apportoit vn present au Roy de Mogor qu'on estimoit deux cents mille pieces d'or de plus d'vn escu la piece: c'estoient deux dagues auec leurs ceinturons tous d'or & pierres precieuses, comme rubis &c. deux carrasses d'or: deux grandes aiguieres & vne petite de mesme, vn cheual auec son harnachemẽt tout garny de fines pierres precieuses, enchassées en or, autres cẽt cinquante cheuaux, dix iumẽts, cinquante chameaux couuerts de velours vert & cramoisi, quatre tapis de deux mille ducats chacun. Il estimoit à grande faueur que le Roy voulut accepter ces presẽs. On disoit neãmoins qu'il n'accepteroit pas tout, mais i'en doubte. Apres cestuy-cy il receut vn autre presẽt nõ moindre de son fils le Soldan Moral, que i'ay dict cy dessus faire sa demeure à Hussarato, qui fut de cinquãte Elephãts, de valleur de plus de cẽt cinquãte mille ducats, 50. cheuaux, vn carrosse tout d'or & vn autre d'argẽt, & vn autte ioyau de grosses perles: & outre cela plusieurs autres choses precieuses. Soudain apres arriua vn autre presẽt du Vice-Roy de Vãgala, lequel on disoit mõter huict cents mille ducats, cõprins trois cẽts Elephãts. Ce luy est chose ordinaire de receuoir chasque iour quelque presẽt. En vne feste qu'il solẽnise qu'on appelle Nerressã, on luy faict de grãds dõs, de sorte qu'on dit qu'vn Capitaine luy fit vn presãt mõtant à vn demy milliõ d'or: les autres diſent qu'il arriuoit à vn million. L'Empire de ce Mogor s'eſtēd du coſté de Cābaia iuſques à l'Horte, quatre cēs lieuës, & de l'Orient vers le couchant, ſçauoir eſt de Vengala au Schindo ſix cens lieuës.

Le Roy nous a dit pluſieurs fois, cōme auſſi le Prince, que nous fiſſions vne Egliſe, mais pour certaines cōſiderations nous faisōs ſemblāt de nous en eſtre oubliez. Le iour de la feſte de noſtre Dame aux neges le Roy vint à nous repliquer: Peres faites vne Egliſe, & ensēble faites Chreſtiens tous ceux qui de leur franche volonté le voudrōt eſtre: Nous le requerants qu'il luy pleuſt nous dōner vn breuet de cecy ſigné de ſa main, il nous reſpondit, que c'eſtoit aſſez qu'en euſſions vne eſcripture viue. Le Prince nous a dit pluſieurs fois qu'il fourniroit tout ce qui ſeroit neceſſaire pour la faire. Il nous a dōné vn beau lieu qui eſt en belle aſſiete tout proche du Palais, nous eſperons auec la grace de Dieu qu'il s'y fera du fruict. Car le Roy a deſtruict la fauce ſecte de Mahomet, & luy a faict perdre tout ſon credit. En ceſte ville n'y a pas vne Moſquée, ny Alcorā, qui eſt le liure de leur loy. Les Moſquées qui y eſtoiēt, ont esté cõuerties en estables de cheuaux & en magasins. Et pour plus grande confusiõ des Mores, tous les vẽdredis on faict venir quarante ou cinquanre pourceaux pour cõbatre deuant le Roy, lequel prẽd leurs dens & les faict enchasser en or. Ce Roy faict de soy mesmes vne secte, & se faict appeller Prophete. Il a desia plusieurs personnes qui le suiuẽt, mais c'est seulement par le moyen de l'argẽt qu'il leur donne. Il adore Dieu & le Soleil, & si est Gẽtil. Il suit la secte des Vertea, qui sont comme religieux, viuẽt en congregation, & font beaucoup de penitences, ne mangẽt aucune chose qui ait eu ame, & auant s'assoir balient la place auec vn balay de cotõ, de peur qu'il ne demeure quelque vermisseau soubs eux, & qu'ils le tuent en s'assiant dessus. Ceux cy tiennent que le mõde a esté de toute eternité, encore que quelques vns d'iceux diẽt que non, mais que plusieurs mondes sõtià passez & par ce moyen ils disent plusieurs sottises, que ie laisse à dire pour n'apporter ennuy à V. R. Nous apprenõs à parler la langue Persienne, ayãt le Roy ordonné que nous missions peine de la sçauoir, affin que nous puissions traicter auec luy ſeuls des choſes de noſtre loy. Nous tenons icy eſchole & viennent à nous quelques fils des principaux Capitaines, & trois fils d'vn Roy, lequel eſt ſeruiteur du meſme Echebar. De ces eſcholiers il en y a deux qui deſirent eſtre Chreſtiens, & le demãdent. Vn troiſieſme eſt ſi eſmeu qu'il reſſemble à vn de nos plus deuots eſcholiers, qui demandent d'eſtre religieux. Ceſtuy-cy entra dans la chappelle ſe mit à genoux deuãt noſtre Seigneur Ieſus, & en iettant le Turbã par terre, s'eſcria, diſant, Seigneur Ieſus Chriſt fils de Dieu ayez memoire de moy. Noſtre Seigneur le veuille ſecourir & accõplir ſes ſaincts deſirs. Aucuns ſont Cathecumenes, les autres ſont deſia faicts Chreſtiẽs, leſquels bien qu'ils ne ſoient des principaux de la ville, toutesfois sõt du nõbre de ceux qui ont eſté racheptez par le ſang precieux de noſtre Seigneur. Il y eut vn More qui demanda vn iour à vn de nos eſcholiers, pourquoy il beuuoit, eſtãt iour de leur ieuſne: & qui commandé, reſpõdit ce ieune eſcholier, qu'auiourd'huy ſoit ieuſne? Mahomet dit le More. A quoy reſpõdit l'eſcholier, & qui eſt Mahomet ſinon vn faux Prophete, & vn trompeur? Le mesme ieune homme le iour de l'Assomptiō de la glorieuse Vierge dit publiquemēt en la presence d'vn grand nombre de personnes, qu'il vouloit estre Chrestien, & que cela seroit sa grāde gloire. Les Mores demeurerent cōme tous pasmez, & l'vn d'iceux luy dit. Si tu es Chrestien, incorpore toy auec les Chrestiens, & te mets auec eux. Lors cestui-cy s'en va à la chappelle, & se mit à faire oraison, ayant prins premierement de l'eau beniste. Ie pourrois raconter plusieurs autres choses semblables à V. R. mais ie finis icy, de peur de l'ennuyer par trop. Ie la requiers seulement qu'elle se vueille souuenir de nous, & qu'elle no⁹ enuoye quelques reliques pour ces nouuelles plantes, & demande pour moy la benediction au R. P. General, & auec cecy ie me recommande à ses S. Sacrifices. De ceste Cour du grand Mogor le 3. Septembre 1595.

De V. R.

Fils indigne en nostre Seigneur.

Emanuel Pignero.

L. D. O. M. V. Q. M.

www.ingramcontent.com/pod-product-compliance
Ingram Content Group UK Ltd.
Pitfield, Milton Keynes, MK11 3LW, UK
UKHW020132220726
13923UKWH00001B/123

9 782019 918194